CHEONGYANG

인피니티컨설팅

천도군 지음

머리말

충청남도 청양군은 아름다운 자연과 풍부한 문화유산을 가지고 있지만, 사람들에게 잘 알려져 있지 않아서 대한민국의 보석 같은 곳이다. 청양군을 여행하게 되면 청양군의 유구한 역사와 자연을 함께 느낄 수 있는 특별한 여행지로, 방문객들에게 다양한 경험과 추억을 선사한다.

특히 청양은 청정한 자연환경으로 둘러싸여 있어 한국의 알프스라고도 불린다. 청양의 대표 관광지인 칠갑산과 금강이 조화롭게 어우러진 풍경은 숨이 멈추게 하는 자연의 신비를 간직한 아름다움을 선사한다. 이곳에서는 조용한 천장호의 호수 경치를 감상하며 여유로운 시간을 보낼 수 있다.

더욱이 청양군의 특산물 '청양고추'는 지역을 대표하는 특산물로, 매콤한 맛과 향이 입맛을 돋우어 준다. 지역의 맛집에서는 청양고추를 활용한 다양한 요리를 맛볼 수 있으며, 지역 특색을 느낄 수 있다.

청양군의 가장 큰 매력은 사람의 손때가 묻지 않은 청정자연 속에서의 힐링과 다양한 레저 활동을 즐기면서 누구에게도 간섭받지 않고 자유로운 쉼을 즐길 수 있는 곳이다. 오토캠핑장에서 캠핑을 즐기거나, 민박집에서 청양군민의 따뜻한 정을 느낄 수 있다. 그리고 청양 각지에 있는 등산로와 둘레길을 따라 걸으면 순박하지만 정이 묻어나는 청양의 정취를 느끼며, 청정한 공기를 마시며 걷는 즐거움을 느낄 수 있다.

청양군은 백제시대 유적과 함께 고요한 사찰들이 자리하고 있기에 백제시대의 역사와 문화를 체험할 수 있으며, 지역의 문화와 정취를 느낄 수 있다. 청양군은 자연, 역사, 맛, 문화가 어우러진 특별한 곳으로, 다채로운 경험을 통해 여행자들에게 새로운 세계를 열어준다. 현대와 전통이 조화를 이루고, 청정한 자연환경 속에서 나만이 느끼는 자유로운 쉼은 인생에서 특별한 추억을 만들어 준다.

지은이 전도근

목 차

청양군 관광지도 ·· 2
머리말 ··· 4
목 차 ··· 5

제1장 청양군의 개관 ··· 9
   01. 청양의 일반 현황 ·· 10
   02. 청양군의 역사 ·· 12
   03. 청양의 지역 특성 ··· 13

제2장 청양군 관광자원 ··· 15
   01. 청양군 관광지 ·· 16
   02. 청양군 문화재 ·· 18
   03. 농촌체험 휴양마을 ·· 20
   04. 관광농원 ··· 22
   05. 청양군 힐링 둘레길 ··· 23
   06. 청양군 먹거리 ·· 25

제3장 청양군 여행 계획하기 ··· 27
   01. 성격별 추천 여행지 ··· 28
   02. 지역별 여행 코스 ··· 30
   03. 목적별 여행 코스 ··· 31
   04. 여행 코스 짜기 ··· 32
   05. 힐링 여행 코스 ··· 33
   06. 청양 여행 꿀팁 투어패스 ······································ 34
   07. 청양 여행 꿀팁 포토스팟 ······································ 35

| 제4장 | 청양군 여행가기 | 37 |

- 01. 시외버스 ········· 38
- 02. 시내버스 ········· 39
- 03. 택시 ········· 40
- 04. 렌트카 ········· 41
- 05. 숙박업소 ········· 42
- 06. 식당 ········· 44
- 07. 카페 ········· 51

| 제5장 | 청양군 볼거리 | 55 |

- 01. 고운식물원 ········· 56
- 02. 우산성 ········· 59
- 03. 청양 청춘거리 ········· 62
- 04. 천장호 출렁다리 ········· 65
- 05. 에코워크 ········· 69
- 06. 칠갑산 천문대 ········· 71
- 07. 알프스 마을 ········· 73
- 08. 알프스 산양목장 ········· 76
- 09. 칠갑산 도립공원 ········· 78
- 10. 칠갑산 자연휴양림 ········· 82
- 11. 장곡사 ········· 85
- 12. 칠갑산 장승공원 ········· 87
- 13. 지천구곡 ········· 89
- 14. 알품스공원 ········· 91
- 15. 백제문화체험박물관 ········· 93
- 16. 청양목재문화자연사체험관 ········· 96
- 17. 청양어린이백제체험관 ········· 98
- 18. 한티마을 ········· 101
- 19. 다락골 줄무덤 성지 ········· 103
- 20. 다락골 새터 ········· 105
- 21. 모덕사 ········· 107
- 22. 정혜사 ········· 110

제6장　오토 캠핑장 ……………………………………………… 113

- 01. 칠갑산오토캠핑장 ………………………………………… 114
- 02. 칠갑산 도림휴게소캠핑장 ………………………………… 116
- 03. 청양 동강리 오토캠핑장 ………………………………… 118
- 04. 청양고운글램핑장 ………………………………………… 120
- 05. 고목정캠핑장 ……………………………………………… 122
- 06. 알프스 글램핑 …………………………………………… 124
- 07. 평화숲 글램핑 …………………………………………… 126

제7장　청양군 축제 ……………………………………………… 129

- 01. 청양고추·구기자축제 ……………………………………… 130
- 02. 칠갑산얼음분수축제 ……………………………………… 132
- 03. 칠갑산 장승문화축제 …………………………………… 135
- 04. 미륵댕이 칠월칠석 미륵축제 …………………………… 137
- 05. 동막골 번데기 주름축제 ………………………………… 139

제8장　청양군 특산품 …………………………………………… 143

- 01. 청양고추 …………………………………………………… 144
- 02. 구기자 ……………………………………………………… 146
- 03. 맥문동 ……………………………………………………… 148
- 04. 토마토 ……………………………………………………… 150
- 05. 밤 …………………………………………………………… 152
- 06. 멜론 ………………………………………………………… 153
- 07. 표고버섯 …………………………………………………… 154
- 08. 산채류 ……………………………………………………… 155
- 09. 마늘 ………………………………………………………… 156

저자 소개 …………………………………………………………… 157

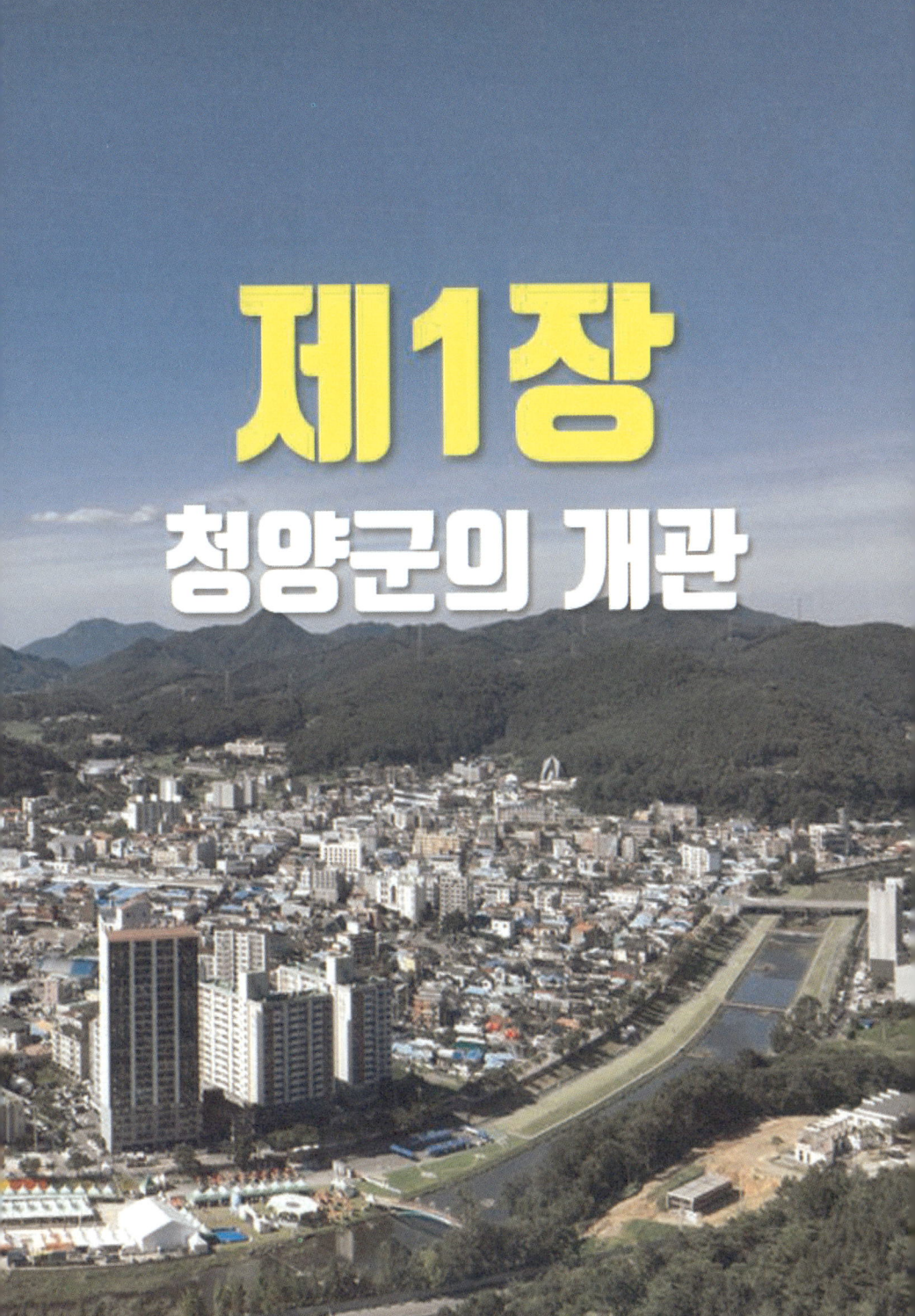

01 청양의 일반 현황

충청남도 정중앙에 있는 청양군은 충남의 기초자치단체 중 가장 인구가 적다. 북쪽으로 예산군, 서북쪽으로 홍성군, 서남쪽으로 보령시, 남쪽으로 부여군, 동쪽으로 공주시와 접하고 있다.

청양은 남동부에는 계봉산(211m), 앵봉산(300m) 등 칠갑산의 지맥들이 솟아있다. 북부에는 법산(459m), 북서부에는 문박산(338m), 서부에는 백월산(560m) 등이 솟아 있다. 금강이 군의 남동부를 흐르며, 지천천이 중남부를, 잉화천이 동부를 각각 남류해 금강으로 흘러든다. 또한 무한천이 군의 서부 경계를 북류하며, 신양천이 북부 중앙을 북류해 예당저수지로 흘러들고 있다. 이들 하천 유역에는 비교적 넓은 평야가 형성되어 있다.

청양군은 청양읍을 중심으로 9개 면(운곡면, 대치면, 정산면, 목면, 청남면, 장평면, 남양면, 화성면, 비봉면)이 있다.

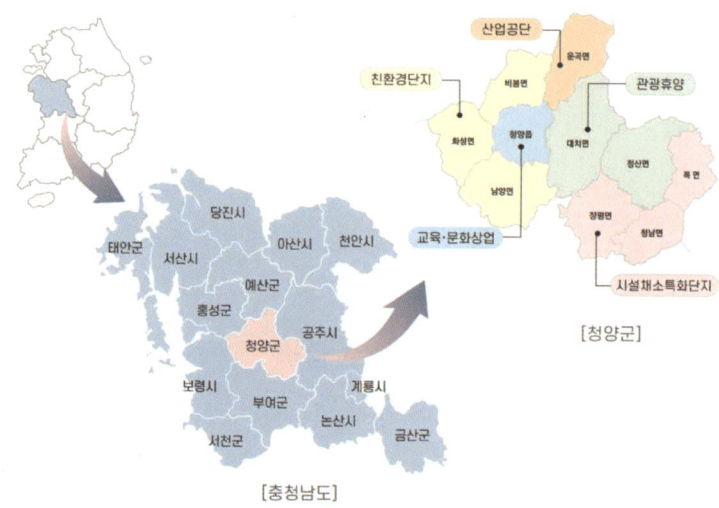

구분	내용	구분	내용
면적	479.1K㎡ (충남道의 5.8%)	인구	30,271명 남15,452 / 여 14,819 (2023.4월말 현황)
행정구역	1읍9면 183리, 758반	행정조직	정원 675명, 현원 647명 (2실, 13과, 2직속기관, 2사업소 10읍·면, 1사무관) ※ 도의회 : 의원 1명 / 군의회 : 의원 7명
재정규모	5,255억(일반 4,603, 특별 71, 기금 581) ※2022년 본예산 재정자립도 9.7%	기업체	121개 업체 (2,388명 종사)
학교	20개교 3,025명 (초등 12, 중5, 고2, 전문대1)	사회복지시설	33개소 (보훈 11, 아동청소년 7, 노인복지6 장애인복지 2, 여성복지 3, 사회복지 4)
의료기관	27개소 (의료원 1, 요양병원2, 의원24)	교통환경	사통팔달 교통망

02 청양군의 역사

삼한시대

청양군은 삼한시대 마한에 속한 지역으로 지천 유역의 고리도평에는 구로국, 무한천 유역의 용천들에는 사로국이 자리하였다.

백제시대

칠갑산 동쪽으로 현재의 정산면, 목면, 청남면, 장평면 지역에 열기현이 있었고, 칠갑산 서쪽으로 청양읍, 대치면, 운곡면, 남양면 일부 지역에 고량부리현이 있었다.

고려시대

8대 현종 9년(1018)에는 지방제도 개혁에 따라 청양현은 천안부에 속하였으며 그 후 양광도에 속하기도 하였고 공민왕 5년에 양광도를 충청도로 부르게 되었다.

조선시대

태종 13년(1413)에 청양현, 정산현이 되었으며, 18대 현종 5년(1664)에는 지방제도 개편에 따라 청양현이 정산현에 편입되어 청양현이 되었고, 고종 32년(1895) 행정제도 개편에 따라 청양현과 정산현은 각각 군이되어 청양군과 정산군이 되었다. 1914년 4월 1일 정산군을 병합하고 홍주군의 4개 면을 편입하는 등의 개편을 하였다.

광복 이후

1973년 비봉면의 청수, 학당 2개리가 청양면에 편입, 1979년 청양면이 청양읍으로 승격, 1987년 1월 적곡면이 장평면으로, 사양면이 남양면으로 면명이 개칭, 1991년 12월 31일 장평면의 적곡 2리가 도림리로 개칭, 1992년 11월 2일 청양읍의 읍내 5리, 적누 2리 송방 3리로 분구, 2009년 8월 13일 장평면 장평리 신설로 183개 행정리로 현재에 이르고 있다.

03 청양의 지역 특성

청양군으로 가기 위해서는 서해안 고속도로 광천 IC, 대전-당진고속도로 신양 IC, 공주-서천고속도로 청양 IC 등으로 방문할 수 있으며, 2024년부터는 서부내륙고속도로가 개통되어 청양읍으로 바로 들어갈 수 있다.

청양군은 친환경 농업단지(비봉면, 화성면, 남양면), 산업공단(운곡면), 교육·문화·상업도시(청양읍), 관광휴양지(대치면, 정산면), 시설채소 특화도시(목면, 청남면, 장평면)로 구성되어 있다.

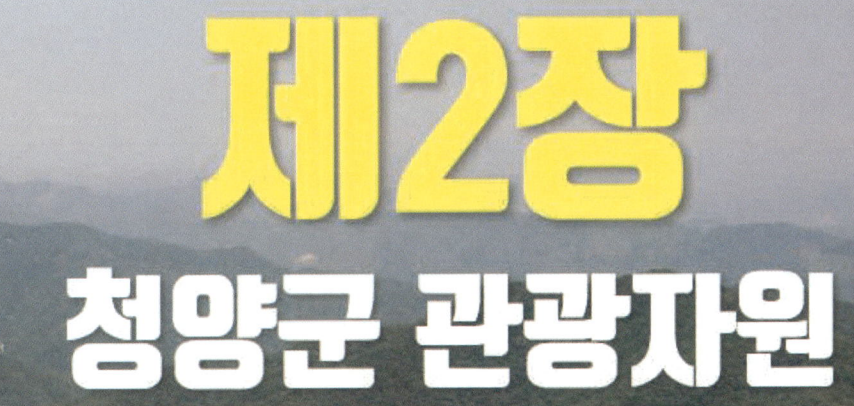

제2장
청양군 관광자원

01 청양군 관광지

청양군에는 22개의 다양한 관광지가 있다. 청양군을 방문하시는 경우, 청양군의 특별함과 청정한 자연환경을 느껴볼 수 있다.

여행지	소재지	관광 성격	입장료	문의
① 고운식물원	청양읍	식물원	성인 8,000원, 학생 5,000원, 노인 5,000원	041-943-6245
② 우산성	청양읍	산성	무료	041-940-4102
③ 청양 청춘거리	청양읍	거리	무료	041-943-8123
④ 천장호 출렁다리	정산면	출렁다리	무료	041-940-2723
⑤ 에코워크	정산면	체험시설	성인 5,000원, 청소년 4,000원, 어린이 3,000	041-940-2723
⑥ 칠갑산 천문대	정산면	천문대	초등학생 1,000원, 중고등학생 2,000, 성인(19세 이상) 3,000원	041-940-2790
⑦ 알프스 마을	정산면	체험마을	무료	041-942-0797
⑧ 알프스 산양목장	정산면	천주교 성지	무료	041-940-2481
⑨ 칠갑산 도립공원	대치면	도립공원	무료	041-940-2721
⑩ 칠갑산 자연휴양림	대치면	휴양림	무료	041-940-2721
⑪ 장곡사	대치면	사찰	무료	041-942-6769
⑫ 칠갑산 장승공원	대치면	공원	무료	041-940-2195
⑬ 지천구곡	대치면	계곡	무료	041-940-2491
⑭ 알품스공원	대치면	공원	무료	041-943-8123

여행지	소재지	관광 성격	입장료	문의
⑮ 백제문화체험박물관	대치면	박물관	성인 : 2,000원 청소년(중고생) : 1,500원 어린이(초등생) : 1,000원	041-940-2721
⑯ 청양목재문화자연사체험관	대치면	박물관	성인 : 3,000원 청소년(중고생) : 2,000원 어린이(초등생) : 1,000원	041-940-2845
⑰ 청양어린이백제체험관	대치면	체험관	성인 : 3,000원 청소년(중고생) : 2,000원 어린이(초등생) : 1,000원	041-940-2845
⑱ 한티마을	대치면	체험마을	무료	041-940-2723
⑲ 다락골 줄무덤성지	화성면	천주교 성지	무료	041-943-8123
⑳ 다락골 새터	화성면	천주교 성지	무료	041-940-2481
㉑ 모덕사	목면	문화유적	무료	041-940-2481
㉒ 정혜사	장평면	사찰	무료	041-943-7976

02 청양군 문화재

청양군은 오랜 역사와 문화를 가진 지역으로, 44점의 다양한 문화재가 있다. 청양군을 방문하시는 경우, 청양군의 문화재를 둘러보면 청양의 역사와 문화를 느껴볼 수 있다.

분류	명 칭	주 소	볼거리	전화번호
국보 (3점)	장곡사 철조약사 여래 좌상 및 석조 대좌	대치면 장곡길 241	철조불상	041-942-6769
	장곡사 미륵불 괘불탱	대치면 장곡길 241	불화(길이 8.6m 폭 6m)	041-942-6769
	청양 장곡사 금동약사 여래 좌상 및 복장유물	대치면 장곡길 241	금동불상	041-942-6769
보물 (7점)	청양 서정리 구층석탑	정산면 서정리 16-2	고려 초기 석탑	041-942-0681
	장곡사 상 대웅전	대치면 장곡길 241	850년 보조선사 체징이 건립	041-942-6769
	장곡사 하 대웅전	대치면 장곡길 241	위와 같음	041-942-6769
	장곡사 철조 비로자나불 좌상 및 석조 대좌	대치면 장곡길 241	통일신라시대의 철불 양식	041-942-6769
	청양읍석조여래 삼존 입상	청양읍 칠갑산로9길 58	우산성, 청양삼층석탑	041-942-3002
	운장암 금동보살좌상	남양면 돌북길 436-147	금동 불상	041-942-1896
	채제공초상(금관조복본)	화성면 무한로 226-120	상의사	041-943-1597
중요민속 문화재	전박신용장군의대	운곡면 유의각길 11	의대	041-942-2501
	보부상 유품	대치면 장곡길 43-24	민속유물	041-940-4871
천연기 념물	부여·청양 지천 미호종개 서식지	장평면 분향리 일원	미호종개 서식지	041-940-4982
도지정 유형문 화재 (10점)	도림사지 삼층석탑	장평면 적곡리668	나선형도로	041-940-4281
	정산 남천리석탑	정산면 남천리 50	바둑 골체험마을	041-942-0629
	장곡사 설선당	대치면 장곡길 241	스님들이 거처 승방	041-942-6769
	청양 화정사 범종	남양면 수단길 192	범종	041-943-7813
	청양 화정사 목조보살좌상	남양면 수단길 192	목조 불상	041-943-7813
	청양 영모재	청양읍 장승길 26-15	함평이씨 이효원의 재실	041-943-3147

	청양모덕사 최익현초상	목면 나분동길 12	모덕사	041-940-2481
	청양 최익현초상	대치면 장곡길 43-24	백제문화체험박물관	041-940-4871
	청양 최익현압송도	대치면 장곡길 43-24	백제문화체험박물관	041-940-4871
	청양 정혜사 목조석가여래삼불좌상	장평면 상지길 165-10	신라 혜감국사가 창건	041-943-7976
도지정 기념물 (4점)	우산성	청양읍 읍내리 산4	옛 백제의 요새지	041-940-2802
	청양도림사지	장평면 적곡리 667	조선 중기까지 존재하던 사찰	041-940-4281
	정산향교	정산면 칠갑산로 1849-9	중국과 우리나라 성현 27분의 위패	041-942-7726
	청양향교	청양읍 향교길 20-6	중국과 우리나라 성현 27분의 위패	041-943-3147
도지정 무형문 화재 (3점)	청양정산동화제	정산면 송학리	음력 1월 14일 밤 마을의 제례행사	041-942-9963
	청양춘포짜기	운곡면 후덕동길 50-21	명주(누에고치)를 뽑아서 짠 베	041-942-8579
	청양구기주	운곡면 추광길 2-10	청양 구기자를 주원료로 한 술	041-942-8138
도지정 민속문 화재 (4점)	청양 윤남석 가옥	장평면 장수길 13-8	한옥 기법과 일본의 목조양식 혼합 가옥	041-942-7046
	청양 임찬주 가옥	화성면 덕평길 27-7	조선 후기 전통 한옥	041-942-4300
	청양 임석주 가옥	화성면 덕평길 27-11	조선 후기 전통 한옥	041-942-4303
	청양 임동일 가옥	화성면 산당길 393-42	조선 후기 전통 한옥	041-942-4498
문화재 자료 (10점)	계봉사 오층석탑	목면 본의리 610-8	고려의 전형적인 석탑	041-942-9500
	청양 삼층석탑	청양읍 읍내리 산15-37	고려시대 조성	041-942-3002
	정혜사	장평면 상지길 165-10	신라 혜감국사가 창건	041-943-7976
	모덕사	목면 나분동길 12	면암최익현선생사당	041-940-2557
	유의각	운곡면 청신로 340-17	인조 때 충신 박신용 장군의 위패봉안	041-942-2501
	표절사	운곡면 노루목길 40-23	임진왜란 시 순절한 양지의 사우(祠宇)	041-942-8083
	두릉산성(두륜이성)	정산면 백곡리 산18	백제말망 후 유민들의 부흥운동 근거지	041-942-0681
	방기옥가옥	남양면 니래미길 60-4	1800년대 ㅁ자형 전통가옥	041-942-1339
	청양 평택임씨 재실	화성면 산당로 459-3	1800년대 ㅁ자형 재실	041-942-4303
	영식필 산신도 장곡사본	대치면 장곡길 241	1869년 제작 산신도	041-942-6769

03 농촌체험 휴양마을

　농촌체험 휴양마을은 도시 생활에서 벗어나 자연과 농촌 경험을 즐기며 휴식을 취할 수 있는 장소를 의미한다. 주로 농촌 지역에 위치하며 방문객들에게 다양한 농업 활동 체험과 자연의 아름다움을 제공한다. 이러한 마을은 도시인들에게 자연과 농촌 생활을 가까이에서 체험할 수 있는 기회를 제공하여 힐링과 휴식의 장소로 인기가 있다. 전국 농촌체험 휴양마을은 2020년 말 기준 1,151개소가 있으며, 충청남도에 138개소가 있으며, 청양군은 18개소가 있다.

마을명	주소	참여 가구	연락처
은골구기자마을	비봉면 은골길 119	12	010-5424-0315
장곡마을	대치면 장곡길 103-7	60	010-9963-2892
꽃뫼마을	장평면 상지길 39-1	30	010-5425-0633
알프스 마을	정산면 천장호길 223-35	39	010-8800-3264
까치내마을	장평면 지천로 1241-6	52	010-5405-6538
가파마을	대치면 가파로 506-8	13	010-3431-6667
고인돌마을	운곡면 고인돌길 37	14	010-5429-3400
바둑골마을	정산면 남천새울길 63-10	50	010-8516-2941
칠갑사니마을	대치면 칠갑산로 668-19	5	010-9754-9102
사자산마을	운곡면 배미길 29	21	010-6336-6214
물여울마을	화성면 산당로 441	60	010-9410-4686

마을명	주소	참여 가구	연락처
칠갑산산꽃마을	대치면 까치내로 1063-1	33	010-5211-8150
백곡마을	정산면 백곡길 154	104	010-9237-9079
동막골마을	목면 본의길 341	20	010-8917-2029
칠갑뜨락마을	대치면 칠갑호길 3-6	21	010-3317-9004
칠갑산산꽃마을 (산촌체험)	대치면 까치내로 1063-1	39	041-944-2007
용꿈꾸는마을	남양면 돌보길 72	31	041-943-9300
바둑골마을 (산촌체험)	정산면 면암로 288-184	67	041-943-3663

04 관광농원

관광농원은 농어촌의 자연 자원과 농림수산 생산 기반을 활용하여 농림수산물 판매, 영농체험, 운동, 휴양, 체육, 숙박 시설, 음식 또는 용역을 제공하거나 그 밖에 이에 딸린 시설을 갖추어 이용하게 하는 사업을 말한다. 관광농원은 농어촌의 경제 활성화와 농촌관광의 활성화를 위해 도입된 제도로, 농가의 소득 증대와 농촌의 새로운 문화공간으로 자리 잡고 있다.

관광농원은 크게 다음과 같은 세 가지 유형으로 구분할 수 있다. 농장형은 농장에서 생산되는 농산물과 축산물을 판매하고, 농업 체험 프로그램을 운영하는 관광농원을 말하며, 휴양형은 자연경관을 활용한 휴양 시설과 다양한 레저 활동을 제공하는 관광농원을 말하며, 체험형은 농업, 축산업, 수산업 등 다양한 농촌 체험 프로그램을 운영하는 관광농원을 말한다.

관광농원은 농촌의 아름다운 자연을 만끽하고, 농촌의 다양한 문화를 체험할 수 있는 좋은 기회를 제공하며, 농가의 소득 증대와 농촌의 발전에도 기여하고 있다.

청양군에는 현재 고운힐링팜, 알프스산양목장, 청양호장골 등 3개의 관광농원이 운영 중에 있다.

마을명	주소	참여 가구	연락처
고운힐링팜	청양읍 군량리 381-1	1	010-9029-6010
알프스산양목장	정산면 신덕길 186-80	1	0507-1328-6887
청양호장골	정산면 마치리 463-6	1	010-8238-9121

05 청양군 힐링 둘레길

청양군 둘레길은 산, 강, 들판, 숲 등 자연환경과 문화유적을 따라 조성된 길을 말한다. 둘레길은 누구나 쉽게 걸을 수 있도록 잘 조성되어 있어, 건강을 위해 걷기 운동을 즐기면서 아름다운 길을 걷는 여행객들에게 인기가 많다. 또한, 둘레길을 따라 다양한 볼거리와 즐길 거리가 있어, 여행객들에게도 인기가 높다.

구분	길이	소요시간	코스
지천생태길 (청양읍 일원)	3.2km	1시간	가벼운 힐링이 필요할 때 걸으면 좋은 길 지천생태공원(0.7km) → 지천고수부지입구(1.3km) → 백세건강공원 세월교(0.3km) → 벽천2교(1.9km) → 지천교
녹색길 (청양읍 일원)	4.9km	1시간 30분	답답할 때 걸으면 가슴이 시원해지는 길 지천교(0.42km) → 청양공설테니스장(0.38km) → 적누1리 마을회관(0.7km) → 적누저수지둑(1.2km) → 은진송씨제각(1.9km) → 광금리 입구 효자비(0.3km)
벚꽃길 (대치면 일원)	1.8km	40분	봄에 벚꽃이 필 때 걸으면 힐링되는 길 광금리 입구(0.2km) → 경찰사격장(0.6km) → 구도로 외딴집(1km) → 반석농장
고향길 (대치면 일원)	2.9km	1시간	고향 같은 푸근함을 느끼고 싶을 때 걷는 길 반석농장(1km) → 탄정리 마을회관(0.3km) →탄정교(1.6km) → 지천생태공원

구분	길이	소요시간	코스
칠갑산 둘레길 (정산면 일원)	9.0km	5시간	칠갑산 정상을 걸으면서 칠갑산의 아름다운 자연경관을 감상하며 힐링하는 길 천장호 주차장(0.3km) → 칠갑산 출렁다리(3.9km) → 칠갑산 정상
천장호 둘레길 (정산면 일원)	2.4km	1시간 30분	천장호의 맑은 물과 푸른 산을 감상하며 힐링하는 길 천장호 주차장(0.3km) → 천장호 전망대(0.3km) → 에코워크(0.3km) → 칠갑산 출렁다리(1.5km) → 천장호 둘레길

06 청양군 먹거리

옻닭
청정 청양에서 자란 닭과 옻을 푹 고아내어 기운이 없을 때 허기질 때 든든히 속을 꽉 채워줄 수 있는 대표 보양식이다. 뜨끈한 국물과 야들야들한 닭고기가 일품이다.

참게 매운탕
예로부터 임금님 수라상에 올라갈 만큼 그 맛을 인정받고 있는 청양 참게는 특히 육질이 뛰어나 칠갑산 참게요리를 맛본 사람이 제대로 된 참게의 참맛을 알 수 있다.

쏘가리 매운탕
지천구곡의 맑은 물에서 잡아 올린 쏘가리와 동자개(빠가사리) 특유의 쫄깃하면서도 담백한 맛을 그대로 살려 내놓는 주인의 비법이 궁금해질 정도로 미식가들의 찬사를 받는다.

표고버섯전골
청양에서 키운 최고 품질의 무공해 표고버섯을 비롯해 각종 야채와 고기를 사골육수에 넣고 은근한 불로 끓여 내놓는 표고버섯 전골은 술안주로도 좋고, 밥반찬으로도 그만이다.

산채비빔밥
칠갑산을 오르내리며 채취한 취나물, 고사리, 도라지, 머위 등 온갖 산나물과 버섯나물을 넣고 비벼 먹는 산채 비빔밥은 아삭아삭 씹히며 혀끝에 고소하게 감기는 맛과 향이 일품이다.

청국장
전통 발효식품이 숙성되는 데 최적의 조건을 갖춘 청국장을 냄새만 쏙 빼고 그 맛과 영양을 그대로 살려 손님의 입맛을 사로잡으니 이 맛은 입소문으로 퍼져 공중파 방송의 이야깃거리가 된지 오래다.

01 성격별 추천 여행지

어디로 여행을 가야 행복한 여행이 될까 고민이 된다면 성격에 맞는 여행지를 선택해 보기를 추천하고 싶다. 성격으로 여행지를 선택하는 것은 매우 재미있고, 쉽게 여행지를 선택하는 방법이며, 행복한 여행을 만드는 가장 기본이 된다.

따라서 청양에서 어디를 갈까 고민할 때 성격 유형에 따른 여행지를 다음과 같이 분석했다. MBTI와 DISC 검사 결과를 가지고 청양군에 있는 여행지를 성격검사 결과와 같이 매칭을 해 놓았다. 자신의 MBTI와 DISC 검사 결과를 바탕으로 자신의 성격에 적합한 여행지를 찾을 수 있다.

여행지	DISC 유형	MBTI 유형
① 고운식물원	주도형(D), 안정형(S)	ISFJ, ENFP, ENFJ, INFP
② 우산성	주도형(D)	ENTJ, ISTP, ESFP
③ 청양 청춘거리	주도형(D), 신중형(C)	ENFP, ISTP
④ 천장호 출렁다리	주도형(D), 사교형(I)	ENTP, ISFJ, ISFP, ESTJ, INTP
⑤ 에코워크	주도형(D), 사교형(I)	ENTP, ENFP, ENFJ, ISFP
⑥ 칠갑산 천문대	주도형(D), 안정형(S)	ISTP, ESTJ, INTJ
⑦ 알프스 마을	주도형(D), 사교형(I)	ISFJ, ENTJ, ISFP
⑧ 알프스 산양목장	주도형(D), 사교형(I)	ENTP, ENFP, ENFJ, ESFJ

여행지	DISC 유형	MBTI 유형
⑨ 칠갑산 도립공원	주도형(D), 사교형(I)	ENTP, ISFJ, ISFP, ESTJ
⑩ 칠갑산 자연휴양림	주도형(D), 안정형(S)	ENTJ, ENFP, ISTP, ISTJ, ISFP, INFP
⑪ 장곡사	신중형(C)	ISTP, ISTJ
⑫ 칠갑산 장승공원	주도형(D), 안정형(S)	ISTP, ESTJ, INTJ
⑬ 지천구곡	사교형(I), 안정형(S)	ENTP, ENFJ, ISFP, INFP
⑭ 알프스공원	주도형(D), 안정형(S)	ISTP, ESTJ, INTJ
⑮ 백제문화체험박물관	사교형(I), 안정형(S)	ISTP, ESTJ, INTJ, ESFP
⑯ 청양목재문화자연사체험관	사교형(I), 안정형(S)	ISTP, ESTJ, INTJ, ESFP
⑰ 청양어린이백제체험관	사교형(I), 안정형(S)	ISTP, ESTJ, INTJ, ESFP
⑱ 한티마을	주도형(D), 사교형(I)	ISFJ, ENTJ, ISFP
⑲ 다락골 줄무덤성지	신중형(C)	ISTP, ISTJ
⑳ 다락골 새터	신중형(C)	ISTP, ISTJ
㉑ 모덕사	주도형(D)	ENTJ, ISTP, ESFP
㉒ 정혜사	신중형(C)	ISTP, ISTJ

02 지역별 여행 코스

청양은 1개 읍과 9개 면으로 구성되어 있다. 버스로 청양을 방문하는 사람은 장곡사 입구 장승공원이나 천장호 출렁다리에서 청양 여행을 시작할 수 있다. 자가용을 이용하는 사람 중 대전·공주 쪽에서 오는 사람은 모덕사, 천장호 출렁다리, 칠갑산 천문대, 칠갑산, 지천구곡, 장승공원, 장곡사, 우산성, 고운식물원, 다락골 줄무덤 순으로 둘러볼 수 있고, 보령·홍성 쪽에서 진입하는 사람은 역순으로 청양 여행을 즐길 수 있다. 청양군에서 당일 여행이 가능한 청양의 읍과 면 지역별로 여행지를 추천하면 다음과 같다.

구분	시간	코스
청양읍	6	청양군청 → 우산성 → 우산공원 → 청춘거리 → 청양 재래시장 → 고운식물원 → 지천 하천길
정산면	7	천장호 출렁다리 → 에코워크 → 칠갑산 천문대 → 알프스 마을 → 알프스 산양목장
대치면	6	칠갑산 도립공원 → 칠갑산 자연휴양림 → 장곡사 → 칠갑산 장승공원 → 지천구곡 → 알품스공원 → 백제문화체험박물관 → 어린이백제체험관 → 청양목재문화자연사체험관 → 가파마을
화성면	4	다락골 줄무덤성지 → 다락골 새터 → 임찬주 가옥 → 임석주 가옥 → 임동일 가옥 → 평택임씨 재실 → 물여울 마을
장평면	4	정혜사 → 상의사 체제공초상→ 도림사지 삼층석탑 → 부여·청양 지천 미호종개 서식지 → 청양도림사지 → 윤남석 가옥 → 꽃뫼마을
목면	3	모덕사 → 계봉사 오층석탑 → 동막골마을
운곡면	3	전박신용장군의대 → 청양춘포 견학 → 청양구기주 → 유의각 → 표절사 → 고인돌마을
비봉면	1	은골구기자마을
청남면	2	금강둑길 → 동강리 오토캠핑장

# 03 목적별 여행 코스

청양군을 여행할 때 목적에 따라 여행지를 달리 할 수 있다. 여행의 목적별로 여행지를 추천하면 다음과 같다.

구분	소요 시간	코스
연인과의 여행	6	고운식물원 → 장곡사 → 장승공원 → 알품스공원 → 백제문화체험박물관 → 천장호출렁다리 → 모덕사
가족여행	6	장승공원 → 알품스공원 → 백제문화체험박물관 → 목재문화·자연사체험관 → 어린이백제체험관 → 고운식물원
문화여행	6	장곡사 → 장승공원 → 알품스공원 → 백제문화체험박물관 → 목재문화·자연사체험관 → 고운식물원
등산여행	6	천장호출렁다리 → 칠갑산 산행 → 칠갑산 정상 → 칠갑산 천문대 → 칠갑 광장
역사여행	6	모덕사 → 장곡사 → 백제문화체험박물관 → 어린이백제체험관 → 다락골 줄무덤 → 모덕사
핵심여행	6	고운식물원 → 장곡사 → 장승공원 → 알품스공원 → 장곡사 → 백제문화체험박물관 → 어린이백제체험관 → 다락골 줄무덤 → 모덕사

04 여행 코스 짜기

청양군을 모두 여행하기 위해서는 당일 여행으로는 부족하다. 청양군 전체를 세세히 보고 싶으면 1박 2일이나 2박 3일 여행이 적당하다.

구분		시간	코스
1박 2일	1일차	6	우산성 → 우산공원 → 청춘거리 → 청양 재래시장 → 고운 식물원 → 지천 하천길
	2일차	7	→ 장곡사 → 칠갑산 장승공원 → 지천구곡 → 알품스공원 → 백제문화체험박물관 → 어린이백제체험관 → 청양목재문화자연사체험관
2박 3일	1일차	6	우산성 → 우산공원 → 청춘거리 → 청양 재래시장 → 고운 식물원 → 지천 하천길
	2일차	7	천장호 출렁다리 → 에코워크 → 칠갑산 천문대 → 알프스 마을 → 천장호 출렁다리 → 칠갑산 천문대 → 알프스 마을 → 칠갑산 자연휴양림
	3일차	6	장곡사 → 칠갑산 장승공원 → 지천구곡 → 알품스공원 → 백제문화체험박물관 → 어린이백제체험관 → 청양목재문화자연사체험관 → 가파마을

청양군에서 1박 2일 여행을 하기 위해서는 청양군에서 숙박해야 하는데 가족 단위로 여행을 온 경우에는 칠갑산 자연휴양림, 글램핑, 민박에서 숙박하는 것을 추천한다. 연인끼리 여행을 한다면 샬레 호텔이나 읍내나 관광지 주변의 모텔을 사용하는 것이 좋다. 차량에서 숙박을 하려면 오토 캠핑장을 활용하는 것이 좋다.

05 힐링 여행 코스

청양에서 힐링을 원하면 다음과 같은 코스를 권장한다.

구분	소요 시간	코스
당일 힐링 코스	6	우산성 → 우산공원 → 고운식물원 → 지천 하천길 → 천장호 출렁다리 → 에코워크 → 칠갑산 천문대
1박 2일 힐링 코스	6	고운식물원 → 지천 하천길 → 천장호 출렁다리 → 에코워크 → 칠갑산 천문대 → 천장호 둘레길 → 칠갑산 자연휴양림
	6	천장호출렁다리 → 칠갑산 산행 → 칠갑산 정상 → 칠갑산 천문대 → 칠갑 광장
2박 3일 힐링 코스	6	고운식물원 → 지천 하천길 → 천장호 출렁다리 → 에코워크 → 칠갑산 천문대 → 천장호 둘레길 → 칠갑산 자연휴양림
	6	천장호출렁다리 → 칠갑산 산행 → 칠갑산 정상 → 칠갑산 천문대 → 칠갑산 자연휴양림
	6	천장호 둘레길 → 장곡사 → 장승마을 → 알프스 마을

06 청양 여행 꿀팁 투어패스

　청양군에서는 관광지를 연계하고 관광객을 늘리기 위하여 투어패스를 운영하고 있다. 투어패스는 한 번의 구매로 여러 관광지 또는 서비스를 이용할 수 있는 패스를 말한다. 청양군 투어패스를 구입하면 청양군의 대표 관광지인 고운식물원, 목재문화자연사체험관, 백제문화체험박물관, 칠갑산천문대 등 4곳의 입장권 할인 혜택이 주어진다.

관광지명	기존입장료(원)	할인입장료(원)
고운식물원	8,000	4,900
목재문화자연사체험관	3,000	2,000
백제문화체험박물관	2,000	1,500
칠갑산천문대	3,000	1,500
계	16,000	9,900

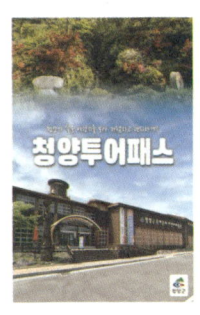

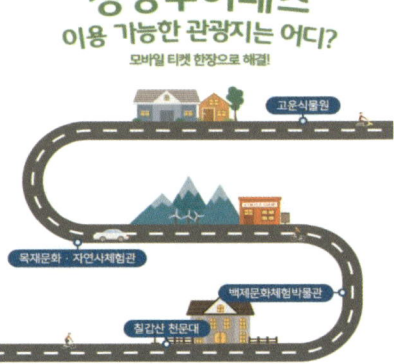

07 청양 여행 꿀팁 포토스팟

 청양군은 스냅팟(포토스팟) 앱을 통하여 누구나 청양을 여행할 때 멋진 인생샷을 찍어주고 있다. 청양군은 스냅팟 앱에서 포토스팟 촬영을 위하여 청양의 관광지 중 인생샷을 남길 수 있는 아름다운 장소 100개를 발굴하여 정확한 촬영위치를 입력해 놓았다.

 스냅팟 앱에 청양군의 관광지와 관련된 세 가지 특정 단어 입력을 통해 3㎡마다 주소를 부여하여 정확한 위치와 최적의 촬영장소를 찾을 수 있도록 도와준다. 때문에 누구나 멋진 인생샷을 찍을 수 있는 사진 전문가로 만들어 준다. 또한 찍은 사진을 스냅팟 앱에 올려 포토스팟으로 찍은 사진을 검색 및 공유할 수 있다.

 스냅팟 앱으로 멋진 인생샷을 찍을 수 있는 장소는 고운식물원, 천장호출렁다리, 모덕사, 장곡사, 칠갑산천문대, 장승공원, 목재문화자연사체험관, 청양알프스공원, 백제문화체험박물관, 어린이백제체험관 등이다.

제4장
청양군 여행가기

01 시외버스

대전	보령(대천)	부여	천안	서울(강남)
07:02 서대전	07:00 화성	08:10 온산	07:35 운곡	07:20 우등
08:22 서대전	09:30 화성	12:25 온산	11:35 운곡	10:30
09:26 동대전	09:39 화성	16:35 온산	14:40 광시	12:50
09:58 동대전	09:57 화성	19:10 온산	17:20 운곡	15:50(우등)
11:02 서대전	10:43 화성		20:00 광시	17:50
12:22 서대전	11:15 화성	예산		19:50
13:26 서대전	12:51 화성	07:35 운곡		
13:42 서대전	13:55 화성	08:40 운곡	정산→서울	청양→서울
15:02 서대전	14:29 화성	11:35 운곡	07:40	07:20
16:06 서대전	16:34 화성	12:20 운곡	10:00	09:40
17:10 서대전	17:57 화성	14:40 광시	12:00(우등)	11:50(우등)
17:42 동대전	18:48 화성	16:30 운곡	14:00	13:40
19:39 서대전	20:51 화성	17:20 운곡	16:30	16:10
19:55 서대전		20:00 광시	20:00(우등)	19:40(우등)

청양 시외버스 터미널 시내버스

예산	광천		홍성		보령
07:40	07:20	15:25	08:00	14:50	08:30
14:40	08:35	17:35	09:35	16:25	13:20
20:30	08:55	17:45	10:10	17:10	17:00
	09:50	19:30	11:55	18:55	18:00
	11:10		12:30	19:35	
	12:45		13:55		
	13:10				

02 시내버스

청양↔정산	청양↔남양↔외산	청양↔백금	청양↔매곡
06:10 대치·정산·남천	06:35~07:00 금정·외산·구봉·정좌·청양	06:10 금정·백금	06:10 금정·매곡·구봉
06:20 대치·정산·본의	07:05~07:40 금정·외산	07:00 구봉·백금·보건의료원	09:25 정좌·대봉·매곡·보건
06:40 외촌·내촌·정산·장곡 보건의료원	08:00~08:35 금정·외산·보건의료원	08:25 정좌·백금·한새·금정	13:30 정좌·대봉·매곡
07:40 대치·정산	08:10 한재·구봉·정좌·청양	10:40 정좌·백금·압술·금정	15:30 정좌·대봉·매곡
09:20 대치·정산	09:40~10:20 금정·외산·정탁·보건의료원	12:00 정좌·구봉·백금·금정	16:20 정좌·구봉·매곡·한재
10:20 보건의료원·정산·역촌	10:20~10:55 정탁·용마·백토·금정·청양	14:10 한재·압술·백금·금정	19:30 정좌·구봉·매곡·한재
11:50 보건의료원·해남·송학	11:10~11:50 금정·외산·구평·정좌	16:30 정좌·압술·백금·금정	**청양↔광천**
13:00 보건의료원·정산	12:10~13:00 정좌·구봉·외산	19:50 구봉·백금·구봉	08:30~09:15 양사·광찬·보건의료원
14:40 보건의료원·탄정·정산·역촌·백곡	13:00~13:50 금정·외산	**청양↔화암**	08:50 배나무골·용촌·용화·옥계·보건의료원
15:20 정산(칠갑산순환)	13:30~14:20 금정·외산	07:20 화성·용당·방한·수정	12:40~13:30 옥계·양사·광천·양사·보건의료원
16:20 탄정·정산·덕성·아산·장평	14:30~15:10 금정·외산	08:25 용당·수정·화암·화성	15:20 옥계·용화·양사·보건의료원
17:40 대치·정산	14:40~16:15 정탁·봉암·외산·자초·백토	11:40 화성·화암·용담	17:30~18:20 광찬·보건의료원
18:40 대치·정산	15:40~16:15 금정·외산·구봉	13:50 화성·화암·용담	
청양↔양사	16:10~16:45 정탁·용마·백토	16:40 화성·화암·용담	**청양↔홍성**
07:10 용화골·옥계·양사·보건	17:00~17:40 금정·외산	18:55 군당·줄무덤·화암·용당·화성	07:10~08:00 홍성보건의료원
10:50 비봉·양사·기덕·화암·가덕·방한·보건의료원	18:00~18:30 금정·외산	19:30 화성	09:30~10:20 홍성보건의료원
13:20 비봉·장계·양사·방한·용천·청양	19:10~19:50 금정·외산	**청양↔화강**	11:50~12:40 홍성보건의료원
15:20 비봉·장계·양사·보건소	19:50 금정·홍산·청양	09:55 화성·화강·용당·보건의료원	14:50~14:50 홍성보건의료원
17:50 비봉·양사·용천·방한·보건의료원		13:10 화성·화강	16:20~17:10 홍성보건의료원
		16:50 화성·화강	18:50~19:40 홍성보건의료원

03 택시

시외버스로 청양군을 방문하여 여행지를 다니기 위해서는 시내버스를 권장하지만, 시내버스가 없거나 해당 여행지에서 급하게 시내로 나올 때는 택시를 이용하는 것이 가장 효과적이다.

청양군에는 개인택시부터 법인 택시까지 많은 수의 택시가 운영 중이다. 현재 빠르게 검색이 되는 콜택시를 모아 놓았으니 직접 전화를 걸어 문의하면 된다. 청양 콜택시 예약 비용은 지역마다 차이가 있다. 일반 요금에서 1,000~3,000원 정도 추가 요금이 붙을 수 있으며 이는 직접 문의를 해봐야 한다.

회사	주소	전화번호
청양콜택시	충청남도 청양군 청양읍 읍내리 476	041-943-8100
청양택시	충청남도 청양군 청양읍 읍내리 93-1	041-943-2727
개인택시	충청남도 청양군 청양읍 읍내리 371-6	041-943-2344
칠갑콜택시	충청남도 청양군 청양읍 장승리 289	041-943-3801
정산택시	충청남도 청양군 정산면 서정리 105	041-942-0548
개인택시	충청남도 청양군 운곡면 모곡리 309-22	041-942-8249
개인택시	충청남도 청양군 남양면 대봉리 558-1	010-3478-4611
운곡택시	충청남도 청양군 운곡면 모곡리 380-1	041-943-3858

04 렌트카

청양군에서 차량을 가지고 가지 않은 상태에서 여행을 자유롭게 하기 위해서는 렌트카를 사용하는 것이 좋다. 청양군 관내에는 렌트카 회사가 3개가 있다.

회사	주소	차량 수	전화번호
㈜하늘렌터카	청양군 청양읍 칠갑산로열길2	194	041-943-0060
(자)기풍렌트카 청양영업소	청양군 청양읍 칠갑산로 287	6	041-944-2222
한일렌터카	청양군 청양읍 고리섬들길 68-13	4	010-4136-0708

05 숙박업소

청양군 내에는 관광을 위한 다양한 숙박업소가 있다. 청양군에는 호텔 3개, 모텔 14개, 펜션과 민박 28개, 전통가옥 민박 2개 등 다양한 형태의 숙박업소가 있으며, 가격대도 다양하게 분포되어 있다. 청양군의 숙박업소는 다음과 같은 특징을 가지고 있다.

청양군은 자연환경이 잘 보존된 지역으로, 숙박업소도 자연 속에서 숙박할 수 있는 곳이 많다. 칠갑산, 장곡사, 천장호 등 주요 관광지 인근에는 숙박업소가 많이 밀집되어 있다. 특히 청양군은 가족 단위 여행객들이 많이 찾는 지역으로, 가족 단위 여행객을 위한 숙박업소가 많이 있다.

분류	업소명	주 소	전화번호
호텔 (3개)	샬레호텔	충남 청양군 대치면 한티고개길 57	0507-1385-1479
	호텔소노	충남 청양군 청양읍 칠갑산로5길 5-1	0507-1380-5070
	NH호텔	충남 청양군 비봉면 록평용당로 775-3	0507-1320-7753
전통 가옥	방기옥가옥	남양면 나래미길 60-4	010-5283-8764
	윤남석가옥	장평면 장수길 13-8	010-5390-6314
모텔 (14개)	칸모텔	충남 청양군 청양읍 칠갑산로8길 3	041-942-0081
	퀸모텔	충남 청양군 청양읍 중앙로9길 5	041-943-3379
	레전드모텔	충남 청양군 청양읍 칠갑산로8길 8	041-943-9332
	스파피아모텔	충남 청양군 청양읍 중앙로12길 14	041-944-0505
	힐링모텔	충남 청양군 청양읍 중앙로12길 8	041-943-246
	카리브모텔	충남 청양군 청양읍 칠갑산로5길 5-6	041-942-1655
	모텔샤인	충남 청양군 정산면 충의로 1314	041-943-9008
	파라다이스모텔	충남 청양군 대치면 칠갑산로 424-6	041-943-2233

	한마음모텔	충남 청양군 청양읍 칠갑산로8길 6	041-943-0057
	알프스파크모텔	충남 청양군 정산면 칠갑산로 1258	041-943-7234
	향수모텔	충남 청양군 정산면 칠갑산로 1806	041-943-8077
	꿈의궁전	충남 청양군 대치면 탄정리 384-1	041-942-1655
	에덴모텔	충남 청양군 청양읍 충절로 1390	0507-1400-6603
	샾 무인텔	충남 청양군 목면 안심길 16	0507-1417-8580
민박 (28개)	고향민박	대치면 칠갑산로 668-143	010-3402-2979
	칠갑산하황토방	대치면 칠갑호길 323	041-943-3232
	까치내계곡펜션	대치면 까치내로 843	041-943-3693
	산골짜기민박	대치면 장곡길 143-54	041-942-2900
	그린가든민박	대치면 지천구곡로 522-2	041-943-5496
	흥부네민박	대치면 사수터길 115-8	041-943-1640
	장곡민박산장	대치면 장곡길 191	041-943-0661
	황소민박	대치면 장곡길 85	041-942-6645
	칠갑산정자민박	대치면 장곡길 43-2	041-943-0846
	송조농원	운곡면 방축길 181-6	041-942-8890
	칠갑산계곡펜션	대치면 돌모루길 212-4	041-942-6654
	엘리시아민박	대치면 까치내로 1067-85	010-5276-7894
	엘시아연인민박	대치면 까치내로 1067-81	010-5276-7894
	회룡대별장펜션	대치면 지천구곡로 329	010-7427-8838
	칠갑산기와집민박	정산면 칠갑산로 1314	041-944-0641
	민박지천가든	장평면 까치내로 624-4	041-942-6545
	칠갑계곡펜션	대치면 돌모로길 212-10	010-3367-4360
	칠갑산까치내펜션	대치면 사수터길 63	010-4017-9290
	엘리시아	대치면 까치내로 1067-87	010-3676-7894
	고목정민박	대치면 칠갑산로 668-19	010-9754-9102
	황금나무펜션	대치면 칠갑호길 208-13	010-3317-9004
	청양뜨래나무민박	화성면 구봉로 26	010-3952-1775
	알프스 마을민박	전상면 천장호길 190	010-5267-9193
	하니수니민박	비봉면 양사길 21	010-3010-3680
	콩매아	대치면 칠갑호길 214	010-3277-0107
	어슬티굿밤	운곡면 어슬티안길 71-15	041-944-0701
	쉼 스테이	대치면 칠갑호길 208-21	010-3317-9004
	정산댁	정산면 광생큰길 179	010-7725-2447

06 식당

청양군에는 어디를 가도 맛있는 식당이 많다. 청양군의 맛집은 다음과 같다.

지역	식당		메뉴	주소/전화번호
청양읍	청양 우거디		TV생방송투데이 소고기 우거디탕/ 소고기 육전	청양읍 중앙로9길 6 041-940-2195
	느티나무 가든		옻닭/ 누룽지백숙	대치면 장곡길 43-2 010-5424-0315
	별장앤봄		한우곰탕/ 수제 돈까스/ 한우 육회 비빔밥/ 떡갈비 정식/ 생선까스	청양읍 충절로 1494 0507-1495-3315
	행복한 쭈꾸미와 갑오징어		쭈꾸미 세트/ 쭈꾸미 볶음/ 왕새우튀김	청양읍 문화예술로 180 041-943-1382
	양자강		얼큰이짬뽕/ 자장면/ 간자장/ 짬뽕	청양읍 중앙로5길 13 0507-1372-6977
	진영분식		어죽/ 어린이 메뉴-바지락칼국수	청양읍 중앙로13길 14 041-942-2077

청양읍	휴식레스 토랑		큐브스테이크/ 수제 돈까스/ 핑거 스테이크/ 고르곤졸라피자	청양읍 월촌길 56-2 041-942-5773
	고향회관 청양점		고향회관 VIP코스/ 고향코스 A	청양읍 칠갑산로 7길 6 041-943-9259
	멕시카나 치킨 청양점		치토스치킨/ 양념치킨/ 땡초치킨/ 고매치킨	청양읍 고리섬들길 76 041-944-0055
	고박사 냉면 청양점		물비빔냉면+숯불고기/ 비빔냉면+숯불고기/ 비빔냉면+숯불고기	청양읍 중앙로11길 21 041-943-8088
	착한 막창 청양점		세트1(착막+삼겹+목살)/ 착한막창/ 양념막창/ 소막창	청양읍 칠갑산로 2길 13 041-943-9933
	두리분식		우엉 김밥/ 신라면/ 우동/ 어묵탕	청양읍 칠갑산로 217-1 041-942-1752
	본가 샤브 N칼국수		샤브/ 수제새우 튀김/물만두/ 샤브소고기	청양읍 칠갑산로 4길 37 선우빌딩 2층 0507-1392-0088
	미연 양꼬치 마라탕		철판소고기/ 마라쇼룽샤/ 사천탕수육/ 마라샹궈	청양읍 중앙로9길 7 1층 101호 0507-1365-9288
	월촌		생오리주물럭/ 생오리로스	청양읍 칠갑산로 339 041-942-763

지역	상호		메뉴	주소/연락처
청양읍 (19개)	이삭 토스트 청양점		햄스페셜 토스트 3,500원/ 콘치즈 토스트/ 햄치즈 토스트/ 베이컨 베스트	청양읍 중앙로 107 041-943-7750
	비봉횟집		강도다리 1kg/ 참돔 1kg/ 광어 1kg/ 우럭 1kg	청양읍 중앙로5길 28 에코빌1층 041-943-3523
	또래오래 충남청양점		핫뿌레이크/ 갈릭반 핫양념반+리얼치즈볼/ 단짠윙봉	청양읍 중앙로 76 041-943-9282
	한가네어죽		뚝배기어죽(국수)/ 뚝배기어죽(국수+수제비)/ 빠가매운탕/ 민물새우탕	청양읍 중앙로열길 18 041-943-4578
대치면 (12개)	농부밥상		청양 로컬푸드협동조합에서 운영 청양고추 떡갈비/ 구기자 떡갈비/ 버섯전골	대치면 칠갑산로 704-18 041-944-0900
	청양 고덕갈비		TV생방송오늘저녁 맥문동갈비탕/, 고덕갈비/ 수제양념갈비/ 암소생갈비	대치면 장곡길 43-2 0507-1352-0068
	까치내 흥부가든		TV식객허영만의 백반기행 출연 한식/ 참게매운탕 소짜/ 참게튀김/ 참게/ 간장게장/ 육계장	대치면 사수터길 115-8 0507-1408-1640
	은행집		청양고추두부/ 청국장/ 돌솥비빔밥/ 보리비빔밥	대치면 한티고개길 11 041-943-3790

바닷물손두부		TV생방송오늘저녁 출연 도토리묵/ 청국장백반/보리밥/ 손두부	대치면 한티고개길 1 041-943-6617
칠갑산골		청국장/ 참게 백반/ 산채비빔밥	대치면 장곡길 147 041-943-7211
칠갑산 맛집		청국장/ 나물비빔밥/ 토속정식/ 청국장백반/ 돼지주물럭백반	대치면 장곡길 119-39 041-943-5912
느티나무 가든		한방능이오리누룽지 백숙/ 한방능이닭누룽지백숙/ 토종옻닭 백숙	대치면 장곡길 43-2 041-943-0846
칠갑산 건강한쌈		쌈밥정식/ 묵은지삼겹살찜/ 생삼겹살	대치면 주전로 6 0507-1491-1996
칠갑산 두메산골		버섯전골/ 청국장/ 산채비빔밥/ 돌솥비빔밥	대치면 칠갑산로 1037 0507-1423-9080
산골짜기		버섯전골/ 엄나무백숙/ 김치찌개/ 산채비빔밥	대치면 장곡길 143-54 041-942-2900
칠갑산 맛있는집		나물비빔밥/ 산채비빔밥(청국장)/ 토종닭백숙(오리포함)/ 닭볶음탕	대치면 장곡길 119-19 041-943-8007

지역	상호	사진	메뉴	주소/연락처
장평면 (1개)	정여사 고추 장찌개		고추장찌개/ 고추장찌개-돼지 한마리/ 한방 백숙/ 칼국수	장평면 주미골길 22-46 0507-1481-5959
남양면 (3개)	대일식당		TV한국인의밥상 순두부찌개/ 된장찌개/ 김치찌개	남양면 구용길 334 041-942-1223
	고향백숙		보양 오리 누룽지 백숙/ 토종닭 누룽지 백숙/ 옻 오리 백숙/ 토종닭 백숙	남양면 충절로 788 041-943-4481
	복사골 뼈다귀 해장국		뼈다귀해장국/ 우거지감자탕/ 묵은지감자탕	남양면 만수로 1582 1층 0507-1334-7897
목면 (1개)	계봉농원		TV 식객허영만의 백반기행 출연 오디불고기/ 뽕잎밥상/ 토종닭 요리	목면 본의길 406-4 041-943-5795
정산면 (9개)	늘봄가든		현지인들만 아는 갈비 성지 돼지갈비/ 돼지막창/ 삼겹살/ 소불고기	정산면 충의로 1324-1 0507-1364-8966
	임꺽정		돼지갈비/ 육회비빔밥/ 특수부위/ 소고기모듬구이	정산면 효자길 19-1 041-943-1457
	칠갑산 구기자 막국수		구기자물막국수/ 구기자비빔막국수/ 수육 대/ 메밀파전	정산면 천장호길 87 041-943-5793

	늘봄 구기자 숯불 풍천장어		장어한판/ 장어탕/ 장어칼국수/ 장어정식	정산면 충의로 1324-1 0507-1308-9687
	만원 갈비탕		갈비탕	정산면 정현길 68-1 041-943-6344
	청아반점		굴해물짬뽕/ 홍초찹쌀탕수육/ 옛날전통짜장/ 옛날전통간짜장	정산면 서정4길 24 0507-1445-1008
	늘봄가든		돼지갈비/ 돼지막창/ 삼겹살/ 소불고기	정산면 충의로 1324-1 0507-1364-8966
	카페&레스토랑 오부세		한우샤브샤브/ 수제등심돈까스/ 한우 스키야키/ 수제 치즈돈까스	정산면 충의로 1358-4 0507-1377-5600
	장강 왕짜장		짬뽕/ 탕수육/ 짜장면/ 간짜장/ 우동/ 짜장밥	정산면 정현길 4 041-942-6400
비봉면 (3개)	황룡각		한우짜장면/ 탕수육/ 해물간짜장/ 얼큰이짬뽕/ 야끼짬뽕/ 짜장면	비봉면 충절로 1698 041-943-8778
	화성농협 칠갑산 청정 한우타운		사골우거지해장국/ 구기자한우탕/ 육회비빔밥/ 웰빙뚝불고기	비봉면 록평용당로 775-1 041-942-9259

제4장 청양군 여행가기 **49**

	작은농원		옻닭/ 백숙/ 닭도리탕	비봉면 중묵운곡로 51-60 041-943-3760
화성면 (2개)	싱싱 칼국수		들깨칼국수/ 칼국수/ 콩국수/ 내장국밥	화성면 장터길 9-6 0507-1391-4430
	흙사랑		오리로스/ 오리훈제/ 오리양념	화성면 무한로 209-7 041-943-4496
운곡면 (1개)	청양고추 냉면		청양고추냉면	운곡면 고인돌길 37 010-5429-3400

07 카페

청양군에는 연인이나 사랑하는 가족과 함께 찾을 수 있는 아름다운 카페들이 있다. 그중에서도 대표적인 카페로는 다음과 같은 곳들이 있다.

카페	사진	주소/ 전화번호	특징
한옥카페 지은		충남 청양군 남양면 나래미길 60-4 1층 041-942-0388	200년 된 한옥을 개조하여 만든 카페로, 고즈넉한 분위기와 맛있는 커피로 유명
춘소커피		충남 청양군 남양면 구룡리 59-13 010-6654-1538	갬성 가득한 카페로 싱글오리진 원두를 사용한 커피로 유명
카페누보		충남 청양군 청양읍 칠갑산로6길 17 070-8880-2350	다양한 종류의 커피와 디저트가 있음

카페	사진	주소/ 전화번호	특징
앵화당		충남 청양군 운곡면 구만이길 70-21 0507-1418-2214	앵두나무 숲에 둘러싸여 있는 카페로, 낭만적인 분위기를 자아내는 카페
메르시		충남 청양군 청양읍 학사길 35-28 041-942-3465	베이커리와 디저트가 유명
이호갤러리카페		충남 청양군 정산면 한티고개길 233 0507-1377-2298	다양한 작품을 감상하며 커피를 즐길 수 있음.
나무그늘		충남 청양군 남양면 충절로 281-9 학교 1층 0507-1337-8932	넓은 마당과 정원이 있는 카페로, 여유로운 시간을 보내기 좋음
던오브 마운틴		충남 청양군 청양읍 중앙로11길 7 2층 041-942-1993	칠갑산을 바라보며 커피를 즐길 수 있는 카페

제5장
청양군 볼거리

01 고운식물원
자연과 조화된 참 식물원

개장 일	연중 무휴	개장 시간	11~3월 09:00~17:00 4~10월 09:00~18:00
휴일	없음	입장료	성인 8,000원, 학생 5,000원, 노인 5,000원
DISC 유형	주도형(D), 안정형(S)	MBTI 유형	ISFJ, ENFP, ENFJ, INFP
문의	041-943-6245	주차장	무료
주소	충남 청양군 청양읍 식물원길 398-23		

고운식물원은 아름다운 꽃과 나무를 감상하며 바쁜 일상에 지친 몸과 마음을 치유할 수 있는 참 식물원이다. 산악지형을 활용한 완만한 산책길을 따라 만들어진 33개의 크고 작은 정원은 8,600여종 식물의 보금자리이다. 고운식물원은 계절별로 다양한 꽃을 감상할 수 있는 곳이다.

봄에는 튤립, 작약, 철쭉, 목련, 벚꽃 등 다양한 봄꽃을 감상할 수 있고, 여름에는 수련, 연꽃, 부채꼴꽃 등 다양한 여름꽃을 감상할 수 있다. 가을에는 코스모스, 국화, 댑싸리 등 다양한 가을꽃을 감상할 수 있고, 겨울에는 동백나무, 철쭉, 겨울철새 등 다양한 겨울꽃을 감상할 수 있다. 이들을 만나러 가는 길은 꽃동길, 꽃구름길, 여우별길, 서리꽃길 같은 예쁜 이름이 붙어 있다.

고운식물원은 자연이 주는 쉼을 즐길 수 있는 힐링 장소일 뿐만 아니라 광릉요강꽃을 비롯 환경부 지정 멸종위기 식물 35종을 돌보고 있는 생물자원 보존의 장

소이다. 8,600여 종 다양한 꽃과 수목들의 식재군을 바탕으로 자연생태관광, 생태학습, 학술연구 등이 가능한 자연과 조화된 참 식물원이다.

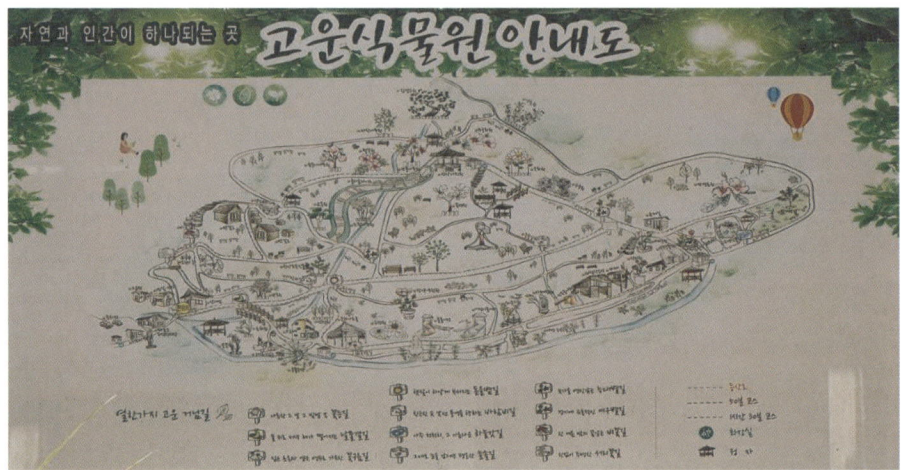

힐링 포인트

고운식물원에는 국내외에서 수집한 다양한 식물 종류가 식재되어 있어 계절별로 다양한 꽃을 감상할 수 있는 곳이다. 식물원을 입장하자마자 넓은 잔디밭과 다양한 수목들이 눈에 들어온다. 잔디밭에는 아이들이 뛰어놀 수 있는 공간이 마련되어 있었고, 수목들 사이로 산책로가 조성되어 있어 여유롭게 산책을 즐길 수 있다.

식물원 내에는 다양한 테마의 전시관이 마련되어 있다. 온실에는 열대, 아열대, 사막 등 다양한 기후대의 식물들이 전시되어 있었고, 야외에는 꽃밭, 나무숲, 연못 등 다양한 자연환경을 만날 수 있다. 아이들의 생태교육에 가장 적합한 장소이며, 어른들에게는 아기자기한 식물들로 인하여 힐링이 된다. 그래서 고운식물원은 가족 단위 방문객들에게 인기가 많은 관광지이다. 고운식물원은 이러한 특징을 바탕으로, 충청남도 청양군의 대표적인 관광지로 자리 잡았다.

02 우산성

청양의 대표 산성

개장 일	연중 무휴	개장 시간	24시간
휴일	없음	입장료	무료
DISC 유형	주도형(D)	MBTI 유형	ENTJ, ISTP, ESFP
문의	041-940-4102	주차장	무료
주소	충남 청양군 청양읍 읍내리 산4외		

우산성은 우산에 있다. 우산(牛山)은 최초의 청양인들이 삶을 시작한 곳으로 청양의 뿌리이며 고향이다. 충청남도 기념물 제81호로 지정되어 있는 우산성은 역사적인 가치와 더불어 시가지와 인접해 있는 이점 때문에 많은 사람들에게 사랑받는 산책코스 및 휴식처이다. 우산성의 둘레는 약 965m이고, 잘 남아있는 곳의 성벽은 높이는 7m 폭 6m 가량된다. 북벽과 동벽이 만나는 부분은 다른 곳보다 높은데 전투시 장수가 올라서서 지휘하던 장대가 있던 곳으로 보인다.

우산성을 따라 우산의 정상에 이르면 칼바위 광장을 만나는데 보기 드문 기이한 모습의 바위들을 볼 수 있다. 정상에 위치한 청룡정 누각에 걸터앉아 청양의 전경을 내려다보면 산행 끝에 최고의 풍경을 만날 수 있다. 우산 입구에는 보물 제197호로 지정된 청양 읍내리 석조여래삼존입상과 충청남도 문화재자료 제148호로 지정된 청양삼층석탑이 자리하고 있다.

힐링 포인트

　우산성에 오르는 길은 경사가 완만하여 누구나 쉽게 오를 수 있다. 우산성은 청양 시내와 인접해 있어 접근성이 좋고, 산책로가 잘 조성되어 있어 가족 단위의 나들이 장소로도 좋다. 성벽을 따라 올라가다 보면 칼바위 광장을 만나게 된다. 칼바위 광장에는 기이한 모양의 바위들이 모여 있어 신비로운 분위기를 자아내면서 마치 다른 세상에 온 것 같은 느낌을 받게 된다. 정상에 있는 청룡정 누각에 올라 청양의 전경을 내려다보면 청양의 시내와 산, 들판이 한눈에 들어와 시원한 풍경을 감상할 수 있으며 마음이 탁 트이는 기분이 든다.
　우산성은 역사적 가치뿐만 아니라 자연경관도 뛰어난 곳이다. 칼바위 광장과 청룡정 누각에서 바라보는 청양의 전경은 매우 인상적이다. 우산성은 백제시대의 역사를 간직한 문화재이자, 청양의 아름다운 자연을 만끽할 수 있는 곳으로 청양을 방문하신다면 꼭 한번 가볼 만한 곳이라고 생각한다.

03 청양 청춘거리

청양의 역사를 한눈에 볼 수 있는

개장 일	연중 무휴	개장 시간	24시간
휴일	없음	입장료	무료
DISC 유형	주도형(D), 신중형(C)	MBTI 유형	ENFP, ISTP
문의	041-943-8123	주차장	무료
주소	충남 청양군 청양읍 중앙로 142		

청양 시외버스터미널 뒤편에 새로 단장한 청춘거리가 있다. 이 거리는 구 기차역이 있는데 그렇다면 이 거리가 원도심의 변화가였음을 말하고 있다.

청춘거리에는 멋진 은행나무가 한그루 있는데 수령이 530년이 되었으며 내려오는 전설로 마을에 큰일이 생기면 북소리를 내어 알려주었다는 신기한 전설을 가지고 있는 나무다. 또한 청춘거리에는 청양다방, 비봉 방앗간, 화성 양조장, 은곡 한약방 자리가 청춘들의 창업 공간이 되어 2021년 한달 창업 in 청양군이 운영되고 있다.

팔각정

청춘하우스

청춘 활력 공간

덕흥 슈퍼

주변을 돌아보면 원도심의 발전했었던 당시의 건물들이 아직 남아 있으며 일부는 현재 리모델링되어서 새롭게 태어났으며, 또 일부는 역사의 현장을 담은 귀중한 자료로서의 역할을 하고 있다. 그리고 너무 멋진 공간이 보인다.

도심 속에 실개천이 흐르고 있으며 그 옆으로는 팔각정이 서 있어 운치를 더하고 있으며, 청양군민 헌장을 새겨 놓은 안내석이 있어 청양에 대한 자부심을 더욱 더 느낄 수 있게 하였다.

아래 사진의 건물은 국일여관 터로 1914년부터 1970년대 말까지 국일 여관이라는 이름으로 영업을 했던 곳이다. 이 건물은 1967년 8월 22일 청양 구봉광산의 김창선 광부가 368시간 동안 매몰된 사건을 취재하기 위하여 전국의 많은 취재진이 투숙했던 곳으로 유명한 곳이다.

> **힐링 포인트**
>
> 청춘거리는 청양읍 원도심의 옛 골목길을 활용하여 조성되어 있다. 골목길에는 알록달록한 벽화와 조형물이 설치되어 있어 화려한 분위기를 자아낸다. 또한, 골목길 곳곳에 카페, 음식점, 소규모 상점 등이 자리 잡고 있어 볼거리, 먹거리, 즐길 거리가 풍부하다.
>
> 청춘거리는 청양군의 과거 역사를 한 눈으로 볼 수 있는 곳으로 지역 소멸을 막고 청년 인구 유입을 위한 청양군의 노력이 돋보이는 곳이었다. 586세대들의 과거를 회상하는데 매우 좋은 곳으로 청춘거리를 걷다 보면 과거로의 시간 여행을 하면서 힐링할 수 있는 곳이다.

04 천장호 출렁다리

아찔함과 멋진 경치를 동시에

주간 개장	연중 무휴 09:00~18:00	야간 개장	3월~10월 오후 9시 11월~2월 오후 8시 금, 토, 일요일
휴일	없음	입장료	무료
DISC 유형	주도형(D), 사교형(I)	MBTI 유형	ENTP, ISFJ, ISFP, ESTJ, INTP
문의	041-940-2723	주차장	무료
주소	충남 청양군 정산면 천장호길 24			

천장호 출렁다리는 청양의 명물이다. 2009년에 만들어졌으며 총길이 207m로 우리나라에서 가장 긴 출렁다리다. 다리 중간 부분에 청양의 특산물 구기자와 고추를 형상화한 높이 16m의 주탑이 시선을 끈다. 그 아래를 지나 폭 1.5m의 출렁다리가 시작되는데 20m쯤 걸어가면 상하좌우로 출렁이며 은근한 스릴을 선사한다. 출렁다리는 30~40cm 흔들리게 설계됐다.

천장호에는 황룡과 호랑이의 전설이 전해 내려오고 있다. 어느 날, 이곳에 살던 아이가 몸이 아파 의원을 찾아가야 하는데 냇물에 큰물이 흘러 건널 수가 없게 되자, 이곳에서 승천을 기다리던 황룡이 승천을 포기하고 자신의 몸으로 다리를 만들어 건네게 하여 한 아이의 생명을 구했다. 이를 본 칠갑산 호랑이가 감명받아 영물이 되어 이곳 주민들을 보살펴 왔다는 전설이 전해오고 있다.

천장호 출렁다리는 유명 프로그램인 '1박 2일'에서 청양의 명물로 전국적으로 알려지기도 했다. 천장호 출렁다리가 있는 천장호는 동쪽으로 뻗어 내린 칠갑산 자락 끝에 위치하고 있다. 청양 명승 중에 하나로 꼽힐 만큼 빼어난 절경을 자랑하는데 칠갑산 정상으로 연결된 등산로가 개설되어 있어 천장호와 출렁다리, 우거진 숲과 아기자기한 계곡들을 감상하는 매력을 만끽할 수 있다.

　다리를 건너면 전망대와 칠갑산으로 향하는 등산로가 이어진다. 산행이 버거운 이들은 황룡정(黃龍亭)까지 천장호변을 산책해도 좋다.
　배 모양의 천장호 전망대는 청양의 어린이, 청소년들에게 넓고 큰 세상으로 나아가 호연지기를 키우라는 의미로 제작하였다고 한다. 넓고 큰 바다를 향해 폭풍우와 풍랑을 견디며 나아가는 배를 상상하며, 이곳 전망대에서 아름다운 천장호를 감상할 수 있다.

힐링 포인트

　천장호 출렁다리에 오색의 빛을 넣은 야간조명을 새롭게 조성하였다. 청양을 방문하셨다면 야간개장과 함께 천장호 출렁다리의 색다른 매력을 느끼게 된다.
　천장호 출렁다리는 방송 등을 통해 일반 국민들에게 많이 알려져 있는 유명 관광지다. 몇 해 전 유명 프로그램인 '1박 2일'에서 출연자들이 미션을 수행한 장소이며 출렁다리 주변이 하트 모양으로 조성되어 연인들에게도 인기 있는 관광지이다.

05 에코워크

천장호 어드벤처 시설

개장 일	연중 무휴	개장 시간	09:00~17:30
휴일	없음	입장료	성인 5,000원, 청소년 4,000원, 어린이 3,000
DISC 유형	주도형(D), 사교형(I)	MBTI 유형	ENTP, ENFP, ENFJ, ISFP
문의	041-940-2723	주차장	무료
주소	충남 청양군 정산면 천장호길 24		

천장호 생태관광기반 구축사업을 통해 천장호 입구에서 황룡정까지 네트를 소재로 구성된 에코워크 시설은 네트워크 코스, 네트 브리지 코스, 네트 타워 코스, 네트 어드벤처 브릿지 코스 등 4가지 테마로 전체 길이 177m 구간에 23개의 체험요소로 형성되어 천장호를 찾는 관광객에게 색다른 체험을 제공한다. 각 코스는 다양한 높이와 난이도를 가지고 있어, 가족과 함께 즐길 수 있는 체험형 관광지다.

별도의 안전 장비 없이 체험하는 에코워크는 안전요원이 배치되지 않아도 되는 국내 최초 독창적인 어드벤처 시설물로 지상에서 최대 10m 높이 위의 네트 브리지에서 스릴을 체험할 수 있으며 아름다운 천장호 자연경관도 함께 즐길 수 있다. 또한 2,000㎡ 규모의 생태 체험원이 천장호 수변에 설치되어 가족 단위 관광객이 머무르며 쉬어갈 수 있는 공간을 제공한다.

힐링 포인트

천장호 에코워크는 천장호의 아름다운 경관을 감상할 수 있는 명소이다. 에코워크를 따라 걸으며 천장호의 푸른 물과 울창한 산림을 감상할 수 있다. 푸른 물과 울창한 산림이 조화를 이루며, 다양한 체험 활동을 즐길 수 있다.

천장호 에코워크는 가족과 함께 즐길 수 있는 다양한 체험 활동을 제공하는 명소이다. 가족이 함께 천장호의 아름다운 경관을 감상하며 스릴 넘치는 체험을 즐기고 싶다면, 천장호 에코워크를 적극 추천한다.

06 칠갑산 천문대

신비로운 우주를 들여다보다

개장 일	연중 무휴	개장 시간	4월~10월 10:00~22:00 11월~3월 10:00~21:00
휴일	없음	입장료	초등학생 1,000원, 중고등학생 2,000, 성인(19세 이상) 3,000원
DISC 유형	주도형(D), 안정형(S)	MBTI 유형	ISTP, ESTJ, INTJ
문의	041-940-2790~3	주차장	무료
주소	충남 청양군 정산면 한티고개길 178-46		

칠갑산도립공원 내에 위치한 칠갑산 천문대는 일반인을 위한 천문우주 테마과학관으로, 백제의 진산(鎭山)으로 알려진 칠갑산에 자리 잡고 있다. 청정 청양의 깨끗한 밤하늘을 304mm 대형 굴절망원경으로 더욱 선명하게 관측할 수 있으며. 또한 보조관측실에서 여러 대의 고급 소형망원경들로 별과 행성, 성운 성단 등의 우주를 보고 경험할 수 있다. 이외에도 날씨와 상관없이 볼 수 있는 고화질의 천체투영기로 돔 형태의 천체투영관에서 입체적인 우주의 영상을 볼 수 있으며, 3D안경을 이용하여 보는 프로그램도 준비되어 있다.

천문우주 관련 영상물 상영, 계절별 별자리 및 천체관측, 우주과학 관련 입체영화 상영 등 조금 더 가까이 우주를 체험할 수 있는 천문우주 관련 프로그램이 준비되어 있어 칠갑산 천문대는 교육성과 즐거움을 겸비한 에듀테인먼트 요소를 갖춘 최고의 천문대로 평가받고 있다.

힐링 포인트

칠갑산 천문대의 밤은 도시의 불빛이 닿지 않는 곳으로 칠갑산의 밤하늘은 무수한 별들로 가득했다. 망원경을 통해 본 별들은 도시에서 볼 수 있는 것보다 훨씬 더 밝고 선명했다. 특히, 망원경으로 본 달은 그야말로 장관이다. 달 표면의 굴곡과 산맥이 선명하게 보인다. 또한, 목성의 대적반, 토성의 고리, 화성의 적도대 등도 생생하게 관측할 수 있다. 칠갑산 천문대는 우주의 신비를 체험할 수 있는 곳이다. 밤하늘의 별들을 보며 우주의 광활함과 아름다움을 느낄 수 있다.

07 알프스 마을
다양한 즐길 거리와 볼거리를 제공하는

개장 일	연중 무휴	개장 시간	24시간
휴일	없음	입장료	무료
DISC 유형	주도형(D), 사교형(I)	MBTI 유형	ISFJ, ENTJ, ISFP
문의	041-942-0797	주차장	무료
주소	충남 청양군 정산면 천장호길 24-3		

알프스 마을은 칠갑산 산기슭에 자리 잡은 마을로 '천장처럼 높다'는 뜻의 천장리에 있으며, 마을 기업에 의하여 운영되는 관광지다. 알프스 마을은 청양군의 대표적인 관광지로 자연과 어우러진 작은 마을로, 다양한 즐길 거리와 볼거리를 제공하여 지역 주민과 함께하는 마을이다.

알프스 마을의 총면적은 약 10만 평으로, 마을의 면적에 비해 다양한 시설과 볼거리가 갖춰져 있다. 짚트랙, 목장, 꽃동산, 얼음 분수, 눈썰매장, 물놀이장 등 다양한 시설과 프로그램이 운영되고 있다. 마을 곳곳에는 유럽풍의 건물과 조형물이 있으며, 마을을 둘러싸고 있는 산과 계곡은 자연과 어우러져 아름다운 풍경을 자아낸다.

알프스 마을은 지역 주민이 직접 운영하고 관리하는 마을이다. 지역 주민들은 마을의 발전을 위해 노력하고 있으며, 다양한 체험과 볼거리를 제공하기 위해 노

력하고 있다. 알프스 마을은 이러한 특징을 바탕으로, 충청남도 청양군의 대표적인 관광지로 자리 잡았다.

알프스 마을의 시작은 2004년에 천장리 마을 추진위원회를 구성하여, 농촌마을 종합개발사업에 선정되면서 부터이다. 이후 2005년에 도농교류센터를 완공하였으며, 2007년에는 알프스 마을 영농조합법인 창립하였으며, 2008년 12월에 제1회 칠갑산 얼음분수축제를 개최하였다. 2010년에는 농촌마을 종합개발사업 전국 최우수 권역으로 선정되었으며, 농어촌 공동체 회사 지역개발형 전국모델로 선정되었으며, 제5회 도농교류 농촌 사랑 부분 대통령 표창을 받았다. 2015년 충남 교육청 인증 농촌체험학습장으로 지정되었으며, 제2회 충청남도 행복마을 콘테스트 최우수상, 제20회 지역경제 활성화 우수사례 대통령상 수상, 제2회 행복마을 만들기 콘테스트 금상 대통령 표창상을 수상하였다.

힐링 포인트

알프스 마을은 농촌 체험, 마을 관광, 칠갑산 얼음분수축제 등을 지역 주민이 직접 운영하고 관리하는 전국에서 가장 성공한 주민자치 마을 중에 하나다. 알프스 마을은 청양군의 대표적인 관광지로, 다양한 즐길 거리, 볼거리, 먹거리를 제공하여 방문객들에게 종합선물 세트를 선사해주는 곳이다.

지역 주민들은 마을의 발전을 위해 다 같이 참여하며 다양한 체험과 볼거리를 제공하기 위해 노력하고 있다. 따라서 알프스 마을을 방문하게 되면 덤으로 공동체 의식이 강한 마을 주민들과의 교류를 통해 소통의 즐거움을 느낄 수도 있다.

08 알프스 산양목장

산양과 함께하는 힐링

개장 일	연중 무휴	개장 시간	09:00-18:00
휴일	없음	입장료	무료
DISC 유형	주도형(D), 사교형(I)	MBTI 유형	ENTP, ENFP, ENFJ, ESFJ
문의	041-942-0797	주차장	무료
주소	충남 청양군 정산면 천장호길 24-3		

알프스 산양목장은 충청남도 청양군 정산면에 위치한 산양목장이다. 2003년 개장했으며, 약 10여년 전부터 산양치유를 위한 체험프로그램을 운영하고 있다.

알프스 산양목장의 대표적인 체험프로그램은 산양 먹이 주기, 산양 젖짜기, 산양 목욕 체험, 산양 치유 프로그램 등 다양한 체험을 통해 자연을 만끽할 수 있다. 특히 산양 치유 프로그램은 산양과 교감하며 심신의 안정과 치유를 도모하는 프로그램이다. 알프스 산양목장은 이러한 특징을 바탕으로, 충청남도 청양군의 대표적인 관광지로 자리 잡았다.

알프스 산양목장은 서울에서 약 3시간, 대전에서 약 1시간 거리에 위치하고 있다. 대중교통을 이용할 경우, 청양역에서 버스로 환승하여 알프스 산양목장에 도착할 수 있다.

힐링 포인트

알프스 산양목장은 가족 단위 방문객들에게 인기가 많은 관광지이다. 귀여운 산양들과 교감하며, 자연 속에서 치유의 시간을 가질 수 있는 곳이다. 알프스 산양목장은 산양치유를 위한 체험 프로그램을 운영하고 있으며, 특히 산양과 교감하며 심신의 안정과 치유를 도모할 수 있다.

09 칠갑산 도립공원

청양의 대표 관광지

개장 일	연중 무휴	개장 시간	24시간
휴일	없음	입장료	무료
DISC 유형	주도형(D), 사교형(I)	MBTI 유형	ENTP, ISFJ, ISFP, ESTJ
문의	041-940-2721	주차장	무료
주소	충남 청양군 대치면 한티고개길 178-8		

칠갑산(七甲山)은 충청남도 청양군을 대표하는 자연 그대로 아름다운 산이다. 높이는 해발 561M의 높이로 아담한 산이지만 크고 작은 봉우리와 계곡을 지닌 명산으로 한국의 100대 명산 중의 하나다. 1973년 3월 6일에 도립공원으로 지정되었고 면적은 32.542㎢으로 4개 면에 걸쳐있다. 산세가 험해 '충남의 알프스'라는 별명이 생겼으며 교통이 불편하여 울창한 숲이 그대로 남아 있다. 칠갑산의 특징이라고 하면 사람의 손때가 묻지 않은 자연 그대로의 울창한 숲을 지니고 있다는 것이다.

칠갑산은 차령산맥에 속하며 북쪽의 한티고개(大峙 : 대치)를 지나 동쪽에서 서쪽으로 대덕봉(大德峰 : 472m)·명덕봉(明德峰 : 320m)·정혜산(定惠山 : 355m) 등과 이어진다. 대치천(大峙川)·장곡천(長谷川)·지천(芝川)·잉화달천(仍火達川)·중추천(中湫川) 등이 산의 능선을 따라 내려 흘러 금강으로 흘러간다.

칠갑산의 이름은 산천 숭배 사상을 따라 천지만물을 상징하는 칠(七)과 육십갑자의 첫 글자인 갑(甲) 자를 따왔다고 전해진다. 이와 함께 계곡은 깊고 급하며 지천(芝川)과 잉화달천(仍火達川)이 계곡을 싸고돌아 7곳에 명당을 만들었다고 하여 칠갑산이라는 이름이 붙었다.

칠갑산의 한티고개에는 조선 말기의 의병이며 유생이었던 최익현(崔益鉉)의 동상이 있고 공주시로 통하는 대치터널이 있어 교통이 편리하다. 계곡으로 흐르는 물은 맑고 깨끗하며 자연석과 어울려 경치가 아름답다. 또한 자연석 주변에 자생

란이 자라고 산 곳곳에서 구기자·송이버섯·싸리버섯·고사리 등이 많이 난다.

칠갑산의 주요 명소로는 정상, 아흔아홉골, 칠갑산장(최익현 동상, 칠갑산 노래비 등), 천장호, 장곡사, 정혜사, 자연휴양림 등이 있다. 칠갑산에는 모두 9개의 등산로가 있다. 장곡사, 대치터널, 천장호, 도림사지, 까치네유원지, 자연휴양림 등을 기점으로 정상에 이를 수 있다. 어느 산길을 택해도 칠갑산을 자연 그대로 느낄 수 있다. 사람들이 가장 많이 찾는 코스는 한티고개에서 출발해 장곡사로 내려오는 코스로, 3시간 가량 소요된다.

등산로	거리	소요시간		구간
		등산	하산	
산장로	4km	1시간 50분	1시간 30분	칠갑광장-정상
사찰로	4km	1시간 20분	50분	장곡사-정상
칠갑로	5km	2시간	1시간 10분	칠갑호-정상
휴양로	6.5km	3시간 20분	2시간 30분	칠갑산휴양림-정상
지천로	3.9km	2시간 20분	1시간 40분	지천리-정상
장곡로	5km	3시간	2시간	장곡주차장-정상
천장로	3.7km	1시간 20분	1시간 10분	천장호-정상
천장로 II	3.7km	1시간 40분	1시간 10분	천장호출렁다리-정상
도림로	2km	1시간 10분	50분	도림리-정상

힐링 포인트

　칠갑산에 가면 사람의 손때가 묻지 않은 자연림이 사람의 마음을 평온하게 해준다. 저 멀리 펼쳐진 푸른 산세가 마치 청양군의 품에 안겨있는 듯한 기분을 불러일으켜 준다.
　칠갑산 정상에 오르면 계속을 타고 부르는 바람이 가볍게 스치는 소리는 도심에 지쳐있던 마음을 정화시켜 준다. 산림이 내는 달콤한 향기는 일상의 스트레스와 고민을 잠시 잊게 만들어 준다. 칠갑산의 끝없이 펼쳐진 풍경은 마치 아름다움 속에 희망을 발견하게 해주어 새로운 활력을 얻게 된다.

10 칠갑산 자연휴양림
충남의 알프스

개장 일	연중 무휴	개장 시간	24시간
휴일	없음	입장료	무료
DISC 유형	주도형(D), 안정형(S)	MBTI 유형	ENTJ, ENFP, ISTP, ISTJ, ISFP, INFP
문의	041-940-2721	주차장	무료
주소	충남 청양군 대치면 한티고개길 178-8		

청양군 칠갑산에 위치한 칠갑산 자연휴양림 또한 청정지역에 위치하고 있어 이곳에 머물면서 여행하기에 좋은 조건을 가지고 있다. 이곳은 물도 정말 시원하고 공기도 너무 좋아 힐링하기 좋은 휴양림으로 각광받고 있다. 청양읍에서 칠갑산 쪽으로 가다가 주정 삼거리에서 직진하면 칠갑호가 있다. 칠갑대교 바로 직전에 우회전해서 5분 정도 안쪽으로 올라가면 칠갑산자연휴양림이 나온다. 안으로 들어가 자동차를 주차한 후에 천천히 올라가다 보면 좌측에 산림문화휴양관도 있다.

칠갑산자연휴양림은 충남의 알프스라고 불리는 칠갑산 자락에 70㏊의 울창한 천연림의 아름다운 경관을 살려 1990년도에 조성하여 1993년에 준공되어 방문객들의 휴식처가 되었다.

우리들 주변에는 많은 공해로 인해서 생활환경을 위협하고 있는데, 자연과 교감하면서 보건 휴양의 국민적 욕구에 부응하기 위하여 조성된 칠갑산자연휴양림은 청정지역의 울창한 숲으로 쾌적한 공간을 자랑하면서 산림욕장으로서 역할을 다하고 있다.

칠갑산자연휴양림의 주요 시설로는 난방 및 취사가 가능한 통나무집 10동, 원두막 4동, 야영장 2개소, 수련원 9동, 강의실 1동, 전망대 1동, 대피소 2동, 벤치 35개, 잔디광장, 산책로, 체력단련시설, 물놀이장 2개소, 주차장 2개소 등 각종 편의시설을 갖추고 있다.

칠갑산자연휴양림은 가족이나 연인들이 함께할 수 있는 휴양공간으로 어린이를 위한 자연학습장과 각종 행사를 할 수 있는 잔디공원도 있다. 휴양림 중심에 계곡이 있는데 계곡변에 심어진 나무가 초록빛 세상을 담고 있어 보기에도 참 좋다.

통나무집에는 각종 취사를 할 수 있는 시설이 갖춰져 있다. 그리고 7월부터 야영장이 개장하여 이곳에서 야영할 수도 있다. 이곳에는 물놀이장이 있어 시원하게 여름을 날 수 있고, 어린이 놀이터가 있어 어린이들이 이곳에서 즐겁게 즐길 수 있다.

힐링 포인트

칠갑산자연휴양림의 특징 중 하나인 무공해 청정지역에 위치한 점이 참 좋다. 이곳은 가족 단위나 단체 행사에 최적의 조건을 갖추고 있다. 초록 초록한 세상으로 산림이 울창해서 한여름에도 시원한 시간을 보낼 수 있다.

소나무 숲이 운치 있게 우거져 있으며 송림을 따라 산 정상에 이르는 등산로가 있어 칠갑산 등산을 즐길 수도 있고 칠갑호 주변을 산책할 수도 있는 힐링의 일번지이다. 이곳에서 가까운 곳에 까치내 유원지, 장곡사, 천장호 출렁다리, 목재문화체험관 등이 있어 함께 돌아보기에 좋다.

11 장곡사
신라 때 지어진 천년 고찰

개장 일	연중 무휴	개장 시간	24시간
휴일	없음	입장료	무료
DISC 유형	신중형(C)	MBTI 유형	ISTP, ISTJ
문의	041-942-6769	주차장	무료
주소	충남 청양 대치면 장곡길 241		

장곡사는 칠갑산 남쪽 기슭에 자리 잡고 있는 가람으로 850년(신라 문성왕) 보조선사 체징이 절을 처음 지은 것으로 전해지며 이후 오랜 세월을 거치며 중수를 거듭했다.

장곡사에는 국보 제58호 장곡사철조약사여래좌상 및 석조대좌, 국보 제300호 장곡사미륵불괘불탱, 보물 제162호·181호 상·하대웅전, 보물 제174호 장곡사철조비로자나불좌상 및 석조대좌, 보물 제337호 금동약사여래좌상, 유형문화재 제151호 설선당 등 전국적으로도 보기 드문 많은 문화재를 간직하고 있다. 또한 범종루는 정면 3칸, 측면 2칸의 맞배지붕 건물로, 내부에는 범종, 목어, 운판 등이 보관되어 있다. 명부전은 시왕과 귀신을 모신 건물로, 내부에는 열 명의 시왕상이 모셔져 있다. 또한 장곡사는 다른 사찰에서 찾아볼 수 없는 상.하 대웅전을 가지고 있는 것이 특징이며 약사여래기도 도량으로 유명하다. 귀중한 문화재를 많이 소장하고 있는 천년고찰로 전국에서 신도들과 관광객이 많이 찾고 있다.

힐링 포인트

장곡사는 통일신라시대 때 지어진 절로 1000년 이상의 역사를 자랑하는 오래된 절이다. 장곡사는 아름다운 자연경관과 유서 깊은 문화재를 감상하면서 지친 심신을 치유할 수 있는 곳이다. 특히 설법인의 아름다운 손가락과 중생구제를 위한 큼직한 약발 발우를 들고 있는 모습마저 멋스럽게 보이는 금동약사여래불이 마음을 맑게 해준다. 청양을 방문한다면 꼭 한번 가볼 만한 곳이다.

12 칠갑산 장승공원

장승 350여 개가 재현되어 있는 테마공원

개장 일	연중 무휴	개장 시간	24시간
휴일	없음	입장료	무료
DISC 유형	주도형(D), 안정형(S)	MBTI 유형	ISTP, ESTJ, INTJ
문의	041-940-2195	주차장	무료
주소	충남 청양군 대치면 장곡길 119-17		

칠갑산 장승공원은 국내 최대 규모의 장승공원으로, 전국 각지의 장승과 솟대가 전시되어 있다. 장승은 한국의 대표적인 민속 문화재로, 마을의 수호신으로 여겨져 왔다. 청양은 백년 전부터 장승제를 올리는 등 한국 최고의 장승문화 보존지역으로, 장승공원에서는 칠갑산 정기를 품은 다양한 장승을 만나볼 수 있다. 장승은 고대 솟대와 선돌에서 유래되었고, 조선시대에 이르러 장승이라고 불려 졌다고 전해진다. 청양에 있는 장승들은 마을에서 실제로 제를 드리는 장승을 그대로 재현한 것이다. 음력 정월 대보름을 전후하여 여전히 장승제가 치러진다.

　　장승공원은 시대의 흐름에 따라 장승 문화가 변형, 왜곡되어 가고 있음을 안타까워 해오던 중 사라져 가는 전통문화를 계승하고 최고의 장승 문화 보존지역으로 지켜나가기 위해 1999년 5월 칠갑산장승축제를 개최하면서 조성된 테마공원이다. 이곳에는 높이 11.5m의 칠갑산 대장군과 칠갑산 여장군이 있고 전국의 장승이 재현되어 있다. 민속 학습장으로도 좋고 가족 나들이 공간으로 좋다. 칠갑산 장승공원은 청양을 대표하는 관광 명소로, 청양을 방문한다면 꼭 한번 가볼 만한 곳이다.

힐링 포인트

　　칠갑산 장승공원의 다양한 모습의 장승들이 저마다의 이야기와 의미를 품고 있는 것처럼 느껴졌다. 칠갑산 대장군과 칠갑산 여장군을 비롯하여, 농경신, 수호신, 장수신, 부부신 등 다양한 장승들을 만나볼 수 있다.

　　특히, 아이들이 좋아할 만한 장승들도 많다. 동물 모양의 장승, 재미있는 표정을 짓고 있는 장승 등 아이들의 눈길을 사로잡는 장승들이 많이 전시되어 있다. 칠갑산 장승공원은 한국의 민속 문화를 체험하고, 다양한 장승들을 감상할 수 있는 곳이다. 아이들과 함께 가면 더욱 즐거운 시간을 보낼 수 있다.

13 지천구곡

아흔아홉 굽이에 숨은 아홉가지 경관

개장 일	연중 무휴	개장 시간	24시간
휴일	없음	입장료	무료
DISC 유형	사교형(I), 안정형(S)	MBTI 유형	ENTP, ENFJ, ISFP, INFP
문의	041-940-2491	주차장	무료
주소	충남 청양군 대치면 탄정리		

칠갑산에서 발원하여 어울하천, 작천, 지천, 금강천이 협곡과 아름다운 산수경을 이루는데 흐르는 물굽이가 기묘하고 기암괴석이 아름다워 지천구곡이라 한다. 이곳은 동사리, 미호종개, 참게 등 48종의 어종이 살아 있는 생태 보고이다. 특히, 물 흐름이 완만하고 깊지 않아 여름철 물놀이 장소로도 인기가 좋은 까치네 계곡과 물레방앗간 유원지가 있어 많은 관광객이 찾고 있다.

작천계곡이 있는 까치네 유원지는 더운 여름 피서객들이 많이 모여들기로 유명한 곳이다. 물의 흐름이 완만하고 정지한 듯 흘러내리고 있어 유속이 급한 곳보다 훨씬 안전하기도 하다. 물레방앗간 유원지는 화장실은 물론이고 샤워 시설도 설치되어 있어 여름 피서객들에게 인기가 높다.

힐링 포인트

지천구곡은 칠갑산에서 발원한 계곡으로, 굽이굽이 흐르는 계곡물과 기암괴석이 어우러져 아름다운 풍경을 자랑한다. 특히, 이름자체도 아흔아홉 굽이를 지나기까지 아홉 가지 경승이 들고나며 지천구곡이라 한다.

지천구곡을 방문하면 탁 트인 계곡과 푸른 숲이 시원한 느낌을 주어 힐링하기 좋은 곳이다. 특히, 기암괴석 사이로 흐르는 계곡물은 한 폭의 산수화를 보는 듯한 아름다움을 자아내 스트레스를 날려준다.

지천구곡은 여름철 물놀이 명소로 인기가 많다. 특히, 까치네 유원지에는 물놀이 시설이 잘 갖춰져 있어 가족 단위의 방문객들이 많이 찾는다.

14 알품스공원

생명의 근원을 알조형물로 만든 공원

개장 일	연중 무휴	개장 시간	24시간
휴일	없음	입장료	무료
DISC 유형	주도형(D), 안정형(S)	MBTI 유형	ISTP, ESTJ, INTJ
문의	041-940-4862	주차장	무료
주소	충남 청양군 대치면 장곡리 77		

알품스공원은 2022년 4월 15일에 개장했으며, 1만 3,303㎡의 부지에 조성되었다. 공원에는 알 모양의 조형물, 미로 정원, 안개 분수, 수변 산책로 등이 있다. 또한, 알품스공원 주변에는 장곡사, 백제문화체험박물관, 장승공원 등이 가까이 접해 있어 다양한 볼거리를 제공한다.

알품스공원은 만물 생성의 7(七)대 원소와 최초를 뜻하는 갑(甲) 자로 이루어진 칠갑산 아흔아홉골을 슬로프 산책로(둥지)로 표현하였고 생명의 근원을 알 조형물로 표현하였다. 한국의 알프스라 불리는 청정자연의 고장 청양과 생명의 근원, 자연의 시작점인 '알과 둥지'를 중의적으로 표현하여 알품스공원이라 이름 지었다.

알품스공원은 칠갑산 장곡사를 중심으로 주변의 백제문화체험박물관, 장승공원과 연계되면서 독특하고 특색있는 슬로프 산책로, 조형물(알, 양, 청양이), 미로 정원, 안개 분수, 수변 산책로 등으로 구성되어 있다.

힐링 포인트

알품스공원은 생명의 근원인 알을 형상화한 공원이다. 공원 곳곳에는 알 모양의 조형물이 있으며, 미로 정원에는 알을 찾는 재미있는 체험을 할 수 있다. 또한, 안개 분수와 수변 산책로에서 시원한 휴식을 취할 수 있다. 알품스공원은 가족과 함께 즐길 수 있는 좋은 공원이다. 공원 곳곳에는 다양한 볼거리와 체험거리가 있으며, 시원한 자연 속에서 휴식을 취할 수 있다. 알품스공원을 통해 생명의 근원인 알에 대한 의미를 되새기고, 가족과 함께 즐거운 시간을 보내는 것은 어떨까?

15 백제문화체험박물관

백제시대의 문화를 체험할 수 있는

개장일	연중	개장시간	동절기(11월~2월) 09~17 하절기(3월~10월) 09~18
휴일	매주 월요일과 설날, 추석 당일은 휴관	입장료	성인 : 2,000원 청소년(중고생) : 1,500원 어린이(초등생) : 1,000원
DISC 유형	사교형(I), 안정형(S)	MBTI 유형	ISTP, ESTJ, INTJ, ESFP
문의	041-940-2721	주차장	무료
주소	청양군 대치면 칠갑산로 710		

백제시대 토기를 굽는 가마를 형상화하여 만들어졌으며, 백제시대의 역사와 문화를 체험할 수 있는 다양한 전시와 체험 프로그램을 운영하고 있다. 박물관은 방문객들에게 백제시대의 생활, 문화, 예술 등을 다양한 전시와 체험을 통해 소개하며 교육적인 활동과 문화 경험을 제공한다.

　백제문화체험박물관은 백제시대의 역사와 문화에 관한 다양한 전시물을 제공한다. 박물관 내에서 전문가의 해설을 통해 그 시대의 모습을 이해할 수 있다. 그리고 방문객들에게 백제시대의 생활과 문화를 직접 체험할 수 있는 전통 복장 입기, 전통 공예 활동, 전통 음식 체험 등 다양한 프로그램을 제공한다.

　백제문화체험박물관은 학교나 교육 기관의 체험 학습 등에 활용되는 교육적인 활동을 제공하며, 아이들과 청소년들에게 역사와 문화에 대한 관심을 높이는 기회를 제공한다. 또한 백제시대의 예술과 전통문화에 대한 전시와 프로그램을 통해

그 시대의 문화를 더 깊이 이해할 수 있다. 특별한 기간이나 행사 때에는 백제시대 문화와 관련된 이벤트나 축제도 개최하고 있다.

백제문화체험박물관 전시관
- 백제 역사관 : 백제의 역사와 문화를 한눈에 살펴볼 수 있는 전시
- 백제 유물관 : 백제시대의 다양한 유물 전시
- 백제 체험관 : 백제시대의 생활을 직접 체험해 볼 수 있는 체험관

백제문화체험박물관 체험 프로그램으로는 백제 토기 빚기, 백제 궁중 의상 만들기, 백제 궁중 음식 만들기 등이 있다.

백제문화체험박물관은 백제시대의 역사와 문화를 체험할 수 있는 좋은 기회를 제공한다. 청양을 방문하시는 경우, 백제문화체험박물관을 방문하여 백제시대의 역사와 문화를 직접 체험해 보는 것도 추억에 남는 여행이 될 것이다.

힐링 포인트

백제문화체험박물관은 청양이 백제의 중요한 문화권이었다는 것을 알리기 위해 조성된 박물관이다. 백제의 역사와 문화를 한눈에 볼 수 있는 곳으로, 다양한 체험 프로그램이 마련되어 있어 아이들과 함께 방문하기에 좋다. 특히, 다양한 체험 프로그램을 통해 백제의 문화를 직접 체험할 수 있어 더욱 유익한 시간이 될 것이다.

백제문화체험박물관에서 체험한 프로그램 중 가장 기억에 남는 것은 백제 토기 만들기였다. 직접 손으로 토기를 만들어 보면 백제의 토기 장인들이 얼마나 정성을 들여 토기를 만들었는지 알 수 있다. 또한, 백제의 복장을 입고 백제의 문화를 체험하는 것도 재미있다. 백제의 복장을 입고 사진을 찍으니, 마치 백제의 한 왕족이 된 것 같은 기분이 든다.

16 청양목재문화자연사체험관

백제 시대의 문화를 체험할 수 있는

개장 일	연중	개장 시간	동절기(11월~2월) 09~17 하절기(3월~10월) 09~18
휴일	매주 월요일과 설날, 추석 당일은 휴관	입장료	성인 : 3,000원 청소년(중고생) : 2,000원 어린이(초등생) : 1,000원
DISC 유형	사교형(I), 안정형(S)	MBTI 유형	ISTP, ESTJ, INTJ, ESFP
문의	041-940-2845	주차장	무료
주소	충남 청양군 대치면 칠갑산로 704-21		

청양목재문화자연사체험관은 충청남도 청양군 대치면 칠갑산로 704-21에 위치한 박물관이다. 목재와 자연사와 관련된 전시와 체험을 할 수 있는 곳으로, 2010년 10월에 개관했다. 청양목재문화자연사체험관은 크게 목재 체험관과 자연사 체험관으로 나뉜다. 목재 체험관에서는 목재의 종류와 특성, 목재의 활용 등을 알 수 있는 전시와 체험을 할 수 있다. 자연사 체험관에서는 다양한 동물과 식물, 광물 등을 관찰하고, 화석을 직접 채취하는 체험을 할 수 있다.

　청양목재문화자연사체험관의 대표적인 전시로는 다음과 같은 것들이 있다.
- 목재의 세계 : 목재의 종류와 특성, 목재의 활용 등을 알 수 있는 전시
- 나무의 성장과 생태 : 나무의 성장과 생태에 대해 알 수 있는 전시
- 화석의 세계 : 다양한 화석을 관찰하고, 화석을 직접 발굴하는 체험
- 곤충의 세계 : 다양한 곤충을 관찰하고, 곤충 채집 체험
- 어린이 체험실 : 어린이들이 다양한 체험

힐링 포인트

　청양목재문화자연사체험관은 목재와 자연사에 대한 다양한 전시와 체험 프로그램을 운영하는 곳이다. 목재의 생태와 특성, 목재의 활용, 자연사의 신비 등을 살펴볼 수 있는 곳으로, 가족들과 함께 방문하기에 좋다. 특히, 다양한 체험 프로그램을 통해 목재와 자연사를 직접 체험할 수 있어 더욱 유익한 시간이 될 것이다.

17 청양어린이백제체험관

어린이를 위한 백제시대의 문화를 체험할 수 있는

개장 일	연중	개장 시간	09:00~17:10
휴일	매주 월요일과 설날, 추석 당일은 휴관	입장료	성인 : 3,000원 청소년(중고생) : 2,000원 어린이(초등생) : 1,000원
DISC 유형	사교형(I), 안정형(S)	MBTI 유형	ISTP, ESTJ, INTJ, ESFP
문의	041-940-2845	주차장	무료
주소	충청남도 청양군 대치면 장곡길 45-27		

　어린이백제체험관은 충청남도 청양군 대치면 장곡리에 위치한 어린이 전문 역사 문화 체험시설이다. 2022년 7월 20일에 개관했으며, 청양군의 백제 역사문화 자원을 활용하여 어린이들이 재미있게 체험하고 배울 수 있도록 구성되었다.

　청양은 삼국시대 백제의 수도였던 웅진(지금의 공주)과 사비(지금의 부여)와 가까운 지역으로 궁궐과 사찰을 지을 때 사용된 기와와 전돌을 생산하던 곳이었다. 청양에서 발굴된 많은 백제 가마터 그리고 관련 유물들은 청양이 백제문화와 요업 예술의 중심지임을 보여주고 있다.

　어린이백제체험관은 크게 2개 층의 전시관으로 구성되어 있다.

1층 전시관

1) **백제문화마을**
- 어서오세요 백제 마을로! : 청양의 백제 사람들이 어떻게 생활하였는지 의식주 체험을 통해 이해할 수 있다.

- 백제 마을 집 짓기 : 집 안 내부에 부뚜막과 아궁이가 있는 부엌을 연출하여 온돌 체험 및 백제 밥상 차림 놀이를 체험해 볼 수 있다.
- 왕과 왕비의 옷장 : 백제 왕과 왕비의 복식을 직접 입어 보는 체험을 해 볼 수 있으며, 사신도에 나오는 다양한 나라의 사신이 되어 백제왕의 잔칫날에 참여할 수 있다.
- 찾아라! 백제의 보물 : 흩어진 백제의 보물을 찾아 지도를 완성하여, 백제 유물을 이해할 수 있다.
- 와박사 탐정 : 산수 무늬 벽돌과 도깨비 무늬 벽돌의 다른 그림을 찾아보며 백제의 대표적인 벽돌 유물을 이해할 수 있다.
- 흙으로 만든 불상 받침 : 청양군 목면 본의리에서 출토된 도제불상대좌의 조각을 맞추는 체험을 할 수 있다.

2) 청양예술마을

- 가마 속 탐험 : 청양에서 발견된 백제시대 가마를 모티브로 한 체험활동 공간으로, 가마의 원리를 이해할 수 있다.
- 수막새 별빛 탐험 : 수막새 문양의 환상적인 화려함을 연출하는 인피니티 미러룸으로 수막새의 아름다움을 체험할 수 있다.
- 풀무로 만들어진 바람 : 가마에 불을 붙이기 위해서 사용하였던 풀무를

실제 체험해 보고, 풀무의 원리를 이해할 수 있다.
- 기와를 이어요 : 백제 가마 속에서 구워진 암키와, 수키와, 암막새, 수막새로 멋진 기와지붕을 완성하는 체험을 할 수 있다.
- 칠갑어드벤처 : 실내 놀이터로 아이들의 놀이 활동을 할 수 있다.
- 토기 조각 맞추기 : 삼국시대 각 나라의 토기가 어떻게 다른지 살펴보고, 백제의 토기 모형을 맞추는 체험을 할 수 있다.
- 와박사 세밀화 그리기 : 백제 수막새의 문양을 세밀화로 그려보는 체험을 할 수 있다.

3) **칠갑어드벤처**
- 백제 산성을 지켜라, 칠갑산 오르기, 까끌까끌 맨질맨질, 칠갑산 보물 친구들, 산성 미끄럼틀 등을 체험할 수 있다.

2층 전시관
포토존, 야외테라스, 체험 교실, 카페테리아 등 다양한 공간이 마련되어 있다.

힐링 포인트
어린이백제체험관은 어린이들이 백제의 역사와 문화를 재미있게 체험하고 배울 수 있는 최적의 공간이다. 백제에 관심이 있는 어린이라면 누구나 즐겁게 관람할 수 있는 체험관으로 가족여행에 좋은 곳이다.

18 한티마을
시간이 멈춘 곳에서 자유를 느끼려면

개장 일	연중 무휴	개장 시간	09:00~17:30
휴일	없음	입장료	성인 5,000원, 청소년 4,000원, 어린이 3,000
DISC 유형	주도형(D), 사교형(I)	MBTI 유형	ISFJ, ENTJ, ISFP
문의	041-940-2723	주차장	무료
주소	충남 청양군 대치면 한티마을		

제5장 청양군 볼거리

한티마을은 충청남도 청양군 대치면에 있는 마을이다. 칠갑산 자락에 위치한 한티마을은 청국장과 두부로 유명하다. 마을 주민들은 오랜 전통에 따라 직접 두부를 만들고 청국장을 담가 먹고, 이웃과 나누어 먹기도 한다. 한티마을의 청국장은 시원하고 깊은 맛이 특징이다. 두부는 부드럽고 담백하다. 한티마을에서 청국장과 두부를 맛보면, 그 맛에 반할 것이다.

한티마을은 또한 아름다운 자연경관을 자랑한다. 마을 주변에는 울창한 숲이 우거져 있고, 맑은 계곡물이 흐른다. 한티마을에서 산책하거나, 계곡에서 물놀이하면, 편안하고 즐거운 시간을 보낼 수 있다. 한티마을은 청국장과 두부, 아름다운 자연경관을 모두 갖춘 곳이다. 한티마을을 방문하면, 맛있는 음식과 아름다운 자연을 만끽할 수 있다.

힐링 포인트

한티마을의 청국장은 다른 지역에서 생산되는 것보다 부드럽고 담백하며, 시원하고 깊은 맛이 특징이다. 두부를 맛보면, 그 맛에 반하게 될 것이다. 한티마을은 또한 아름다운 자연경관을 자랑한다. 마을 주변에는 울창한 숲이 우거져 있고, 맑은 계곡물이 흐르기 때문에 산책하거나, 계곡에서 물놀이하면, 편안하고 즐거운 시간을 보낼 수 있다.

19 다락골 줄무덤 성지

천주교 신자들의 중요한 성지

개장 일	연중 무휴	개장 시간	24시간
휴일	없음	입장료	무료
DISC 유형	신중형(C)	MBTI 유형	ISTP, ISTJ
문의	041-943-8123	주차장	무료
주소	충남 청양군 화성면 다락골길 78-2		

줄무덤(줄묘)은 화성면 농암리 다락골에 있는 천주교 신자들의 순교자 묘지이다. 마을 뒷산 양지바른 산등성이에 무명 순교자들의 묘소와 묘비들이 여러 줄로 서 있는데 누구의 무덤인지는 알 수 없다.

다만 대원군 집정 이후 천주교에 대한 탄압이 심할 때 당시 홍주감옥에서 순교한 교도들이 많았는데 그 친척들이 야간을 이용하여 이곳으로 운구 암장한 것이라 한다. 한 분묘에 여러분을 줄줄이 모셨기 때문에 줄묘 또는 줄무덤이라 한다. 순교자 수와 성명과 순교 경위를 알 수 없지만, 가족 단위로 묻혀 37기가 있으며 지금도 이 다락골에는 소실된 인가의 흔적이 10개소나 되는 것으로 보아 당시 천주교도의 집단마을로서 마을 전체가 참화를 당한 것으로 보인다.

힐링 포인트

다락골 줄무덤 성지는 천주교 순교자들의 희생정신을 기리는 곳으로, 많은 사람들이 찾는 곳이다. 다락골 줄무덤 성지는 매우 성스럽고 숙연해지는 곳이다. 1866년 병인박해 때 순교한 무명 순교자들의 무덤이 줄지어 있는 곳을 보면 그들의 숭고한 희생정신을 되새기게 된다. 다락골 줄무덤 성지를 방문하면 천주교 순교자들의 희생정신을 기리고 그들의 신앙을 본받을 수 있는 좋은 기회가 될 것이다.

20 다락골 새터

최양업 신부의 출생지

개장 일	연중 무휴	개장 시간	24시간
휴일	없음	입장료	무료
DISC 유형	신중형(C)	MBTI 유형	ISTP, ISTJ
문의	041-943-8123	주차장	무료
주소	충남 청양군 화성면 다락골길 78-6		

제5장 청양군 볼거리

새터 성지는 다락골에서 남쪽으로 1km 아래쪽에 있으며, 김대건 신부와 더불어 최초의 유학 신부이며, 김대건 신부에 이어 두 번째 신부(사제)인 최양업 신부 (1821~1861)의 출생지로 전해진다. 최양업 신부는 숨어다니며 신자 마을을 찾아 수 십리 길을 걸어 다니는 등 눈부신 선교 활동을 한 신부이다. 천주교 신자를 비롯하여 관심 있는 사람들이 많이 찾고 있는 성지이다.

새터와 그 일대는 박해 시대 교우들이 삶을 영위하던 곳으로 최경환 프란치스코 (1805 - 1839) 성인이 태어나 복자 이성례 마리아와 결혼하였고, 또한 그의 장남이며 우리나라의 두번째 사제인 가경자 최양업 토마스(1821 - 1861) 신부와 그의 형제들이 탄생하고 성장한 곳이다.

2003년 대전교구는 다락골 성지에 상주 사제를 임명하여 성지 개발 및 보존, 순례자와 인근 교우들에 대한 사목을 담당토록 하였다. 그리고 교구 설립 60주년을 기념하여 2008년 11월 9일 최경환 성인 일가와 무명 순교자들의 순교 영성 및 선교 정신을 널리 현양하기 위한 기념성당을 다락골 성지에 건립하여 봉헌하였다.

힐링 포인트

다락골 새터는 최양업 신부가 태어나고 성장한 곳으로, 한국 교회사에 있어 중요한 의미를 가진 곳이다. 최양업 신부와 순교자들의 숭고한 신앙 정신과 그의 업적을 느낄 수 있다.

21 모덕사

면암 최익현 선생의 영정을 모신 사당

개장 일	연중 무휴	개장 시간	24시간
휴일	없음	입장료	무료
DISC 유형	주도형(D)	MBTI 유형	ENTJ, ISTP, ESFP
문의	041-940-2481	주차장	무료
주소	충남 청양군 목면 나분동길 12		

조선 후기 애국지사인 면암 최익현(1833~1906)선생의 영정과 위패를 모신 사당으로 1914년에 건립되었다. 충남 유형문화재 제152호로 매년 4월 15일에는 제사가 열린다. 모덕사는 최익현의 애국정신을 기리고 그 정신을 계승하는 장소로, 많은 사람들이 찾는 곳이다. 모덕사에 있는 현판의 글자는 고종황제가 내린 글 가운데 "면암의 덕을 흠모한다"라는 구절에서 '모(慕)'자와 '덕(德)'자를 취한 것이다.

면암 최익현은 1833년 경기도 포천에서 태어나 어려서부터 학문에 정진하여 유학의 깊은 경지에 올랐다. 최익현 선생은 조선 후기 유학자 이항노의 제자로 문학과 도학에 조예가 깊었으며 철종 6년(1855)에 문과에 급제하고 벼슬이 사헌부 장령까지 올랐다. 그러나 나라를 걱정하며 대원군의 정책을 비판하는 상소문을 여러 차례 올리고 흑산도에 유배되기도 하였다.

1876년 강화도 조약 체결에 반대하여 상소를 올렸고, 1894년 갑오경장 이후에도 일제의 침략에 맞서 싸웠다. 1905년 을사조약이 체결되자 을사 5적을 처단할 것을 주장하였고 같은 해 일본의 죄상을 16개 항목에 적어 항쟁하며 전라북도 태인에서 의병을 모집, 일본군과 싸웠다. 그러나 일본 헌병대에 체포되어 대마도에 유배되었고 적군이 주는 음식을 먹을 수 없다며 단식하다 끝내 순국하였다.

후에 그를 추모하는 사람들이 태인, 포천, 곡성 등 여러 지역에 그의 사당을 세웠다. 이곳 모덕사는 선생이 살았던 고택과 장서각, 선생의 유물을 전시하는 전시관이 함께 들어서 있다. 최익현의 위정척사사상은 한말의 항일 의병 운동과 일제강점기의 민족운동·독립운동의 지도 이념으로 계승되고 있다.

힐링 포인트

　모덕사를 보면서 면암 최익현이 나라를 위해 헌신했던 삶을 되돌아볼 수 있다. 모덕사는 최익현의 애국정신을 기리고 그 정신을 계승하는 장소로, 많은 사람들이 찾는 곳이다. 최익현은 조선 말기의 유학자이자 의병장으로, 일제의 침략에 맞서 싸우다 순국했다.
　면암 최익현은 나라를 위해 목숨을 바친 애국지사로, 그 정신은 오늘날에도 우리에게 큰 감동을 준다. 나라를 사랑하고 조국을 위해 헌신한 최익현의 삶을 고스란히 느낄 수 있는 곳이다.

22 정혜사
통일신라 시대에 세워진

개장 일	연중 무휴	개장 시간	24시간
휴일	없음	입장료	무료
DISC 유형	신중형(C)	MBTI 유형	ISTP, ISTJ
문의	041-943-7976	주차장	무료
주소	충남 청양군 장평면 상지길 165-10		

청양 정혜사는 청양의 대표적인 사찰 중 하나로, 아름다운 자연경관과 유서 깊은 문화재를 감상할 수 있는 곳이다. 정혜사는 칠갑산 남단 기슭에 자리잡고 있으며, 창건 연대는 정확히 알 수 없으나 통일신라 제46대 문성왕 2년(AD 840)에 혜초국사가 창건하였다고 전해진다. 정혜사는 대사원으로 소속 암자도 많았던 것으로 추정된다. 지금도 혜림암, 석굴암, 서전암 등이 남아있다. 대웅전은 자연석으로 쌓은 기단 위에 자연석으로 주춧돌을 놓고 네모기둥을 세웠다. 정면 5칸, 측면 1칸의 팔작지붕 건물로, 앞뒤에 툇간이 있다.

정혜사의 문화재로는 2018년 충청남도 유형문화재로 지정된 청양 정혜사 목조석가여래삼불좌상(충청남도 유형문화재 제245호), 칠성탱화 (충청남도 유형문화재 제246호), 아미타래영도 (충청남도 유형문화재 제247호), 혜림암 탱화 (충청남도 유형문화재 제248호), 부도 2기, 부도비 1기 등이 있다.

힐링 포인트

오랜 역사를 자랑하는 정혜사는 한적하고 조용한 분위기의 사찰로, 주변의 아름다운 자연경관과 잘 어우러져 있다. 오랜 역사를 자랑하는 사찰답게 위엄을 느낄 수 있고 자연을 벗 삼아 고요하고 평화로운 분위기를 자아내는 청양의 대표적인 사찰이다.

제6장
오토 캠핑장

01 칠갑산오토캠핑장

칠갑산의 아름다운 경관을 즐길 수 있는

개장 일	연중 무휴	개장 시간	09:00~17:30
문의	041-940-2700	주차장	무료
주소	충청남도 청양군 대치면 까치내로 710		

시설별	사용기준	성수기(6~9월, 금·토·공휴일)	비수기(성수기를 제외한 기간)	비고
캐라반 사이트	1개소(4인)	40,000원	30,000원	
텐트 사이트	1개소(4인)	30,000원	25,000원	

칠갑산오토캠핑장은 청양군에서 가장 대표적인 오토캠핑장이다. 넓은 부지에 다양한 시설이 마련되어 있어, 편리하게 캠핑을 즐길 수 있다. 칠갑산의 산자락에 위치하여, 칠갑산의 아름다운 풍경을 감상할 수 있다. 칠갑산의 정상까지는 약 1.5km의 등산로가 있으며, 등산을 즐기며 칠갑산의 자연을 만끽할 수 있다.
　데크, 화장실, 샤워실, 취사장, 매점, 어린이 놀이터, 운동장 등이 있어, 편리하게 캠핑을 즐길 수 있다. 또한 다양한 부대시설이 마련되어 있다. 바비큐장, 야외 수영장, 족구장, 농구장, 배드민턴장 등이 있어, 다양한 활동을 즐길 수 있다.

02 칠갑산에서 자연을 벗 삼아 즐기는
칠갑산 도림휴게소캠핑장

문의	041-943-9848	개장 일		연중 무휴	
주소	충남 청양군 장평면 도림로 343				
시설별	사용기준	성수기(6~9월, 금·토·공휴일)	비수기(성수기를 제외한 기간)	비고
일반	1개소(4인)	35,000	30,000원	
글램핑	1개소(4인)	120,000	100,000	

칠갑산 도림휴게소 캠핑장은 충남 청양군 장평면에 자리 잡고 있다. 청양군청을 기점으로 약 16km 거리에 있으며, 자동차를 타고 칠갑산로, 까치내로, 도림로를 차례로 거치면 닿는다. 도착까지 소요 시간은 30분 남짓이다. 이곳은 도로와 인접해 접근이 쉽고 산속에 조성한 덕분에 자연을 벗 삼아 캠핑을 즐길 수 있다. 계곡 물은 버들치가 살고 있을 정도로 깨끗하다.

캠핑장 이용 시 평상 1개와 수영장을 사용할 수 있다. 음식점을 함께 운영 중이며, 다양한 음식을 주문해 즐길 수 있다. 캠핑장에는 일반 야영장 9면을 배치했다. 사이트 바닥 면을 돌판으로 설치한 것이 특징이다. 개인 트레일러와 카라반 입장이 가능하며, 화로대, 전기를 이용할 수 있다. 캠핑장은 연중 운영하고 예약은 전화와 현장 접수로 받는다. 캠핑장 인근에는 백제문화단지, 칠갑산 장승공원 등 여행지가 많아 연계 관광이 손쉽다. 민물매운탕을 맛볼 수 있는 음식점 까치내 흥부가든도 있다.

03 청양 동강리 오토캠핑장

금강 변을 배경으로 펼쳐진 오토캠핑장

문의	041-940-2706	개장 일		연중 무휴	
주소	충남 청양군 청남면 천내리 796				
시설별		사용기준	성수기(6~9월, 금·토·공휴일)	비수기(성수기를 제외한 기간)	비고
1면/1일(50㎡ 이상) A구역		1개소(4인)	40,000원	30,000원	
1면/1일(50㎡ 이하) B구역		1개소(4인)	30,000원	25,000원	

청양군 청남면 동강리에 위치한 청양 동강리 오토캠핑장은 청양군청을 기점으로 칠갑산 1로와 금강변로를 거치면 닿는데, 도착까지 걸리는 시간은 약 35분이다. 이곳은 금강 변을 배경으로 펼쳐져 금강의 풍광을 한눈에 담으며 캠핑을 만끽할 수 있다는 것만으로도 충분히 매력적이다. 백마강을 지키는 계백장군을 수문장의 이미지로 형상화한 백제보 상류에 위치해 있으며, 주변 수변공간에는 억새풀단지가 조성돼 금강과 어우러진 멋진 풍광을 연출하고 있다.

　칠갑산의 아름다운 풍경과 맑은물, 깨끗한 공기, 파노라마처럼 펼쳐진 금강변에 조성된 청양 동강리 오토캠핑장은 사이트 42면, 취사장, 화장실, 샤워장, 개수대, 족구장등 쾌적하고 넓은 편의시설이 있다. 또한, 캠핑장 옆 금강변에서는 다양한 자연체험이 가능하여 가족단위 피서객들이 캠핑을 즐기기에 안성맞춤이다. 잔잔한 강물을 바라보며 캠핑을 즐길 수 있으며, 청양천에서 물놀이를 즐길 수도 있다. 청양천에는 다양한 볼거리와 체험거리가 마련되어 있어, 캠핑과 함께 다양한 즐길 거리를 경험할 수 있다.

　사이트 구획이 확실하고, 간격이 넓어 프라이빗한 캠핑이 가능하다. 매점이 없지만, 자동차로 10분 거리 안에 대형 마트가 있어 불편함이 없다. 반려견 동반 입장이 가능하다는 것도 장점이다. 캠핑장 인근에는 칠갑산도립공원, 백제문화단지 등 청양과 부여의 유명 관광지가 즐비하다. 부여군청 방면으로 나가면 음식점도 많다.

04 청양고운 글램핑

편안하고 아늑한 여유를 즐기는 글램핑

문의	041-942-8010	개장 일		연중 무휴	
주소	충남 청양군 청양읍 식물원길 398-1				
시설별	사용기준	성수기(6~9월, 금·토·공휴일)	비수기(성수기를 제외한 기간)		비고
글램핑 사이트	1개소(4인)	99,000원	79,000원		
일반캠핑	1개소(4인)	39,000원	30,000원		
바비큐장		10,000원	10,000원		

청양고운힐링글램핑은 청양읍에 위치한 글램핑장이다. 럭셔리한 글램핑 시설을 갖추고 있으며, 고운식물원과 인접하여 다양한 체험을 즐길 수 있다. 청양고운힐링글램핑은 넓은 침대와 소파, 냉장고, 에어컨, TV, 샤워실, 화장실 등이 완비되어 있어, 편안한 캠핑을 즐길 수 있다.
　청양고운힐링글램핑에는 바비큐장, 야외 수영장, 족구장, 농구장, 배드민턴장 등이 있어, 다양한 활동을 즐길 수 있다. 청양고운힐링글램핑은 가족 단위 방문객들에게 인기가 많은 글램핑장이다.

05 고목정 캠핑장

칠갑저수지의 수려한 경관에 눈맛나는

문의	041-943-3828	개장 일	연중 무휴	
주소	충남 청양군 대치면 칠갑산로 668-21			
시설별	주중		주말	비고
일반	20,000~25,000		25,000~50,000	
개인 카라반 사용 시	20,000~25,000		25,000~50,000	

고목정은 충남 청양군 대치면에 자리 잡았다. 청양군청을 기점으로 7Km 가량 떨어졌다. 자동차를 타고 문화예술로, 대청로, 칠갑산로를 차례로 거치면 닿는다. 도착까지 걸리는 시간은 15분 안팎이다. 칠갑저수지 바로 앞에 자리한 캠핑장은 무엇보다 경관이 일품이다. 어느 곳에 자리 잡든 수려한 풍경이 시신경을 자극한다. 게다가 수상 레포츠 체험장 덕분에 체험객을 구경하는 재미도 쏠쏠하다.

　맘이 동한다면 직접 체험에 나서기도 수월하다. 캠핑장에는 일반 야영장 10면을 마련했다. 바닥은 데크 7면, 파쇄석 3면이다. 화장실과 샤워실은 남녀를 구분해 총 2개소며, 개수대는 1개소다. 수시로 관리하기 때문에 항상 깔끔함을 유지하고 있다. 캠핑장 이외에 펜션, 식당, 카페도 운영 중이다. 캠핑장 인근에 청양의 대표 관광지 가운데 하나인 칠갑산 자연휴양림이 있어 연계 관광이 순조롭다.

06 알프스 글램핑
알프스 마을과 함께 즐기는

문의	010-6412-6935	개장 일		연중 무휴
주소	청양군 남양면 만수로 1202-20			
시설별	사용기준	성수기(6~9월, 금·토·공휴일)	비수기(성수기를 제외한 기간)	비고
글램핑 사이트	1개소(4인)	20만원~25만원		
바비큐장	1개소(4인)	1만원	1만원	
야외 수영장		성인 1만원, 어린이 5천원		

칠갑산의 아름다운 풍경을 감상하며, 럭셔리한 글램핑을 즐길 수 있는 곳이다. 알프스 글램핑은 럭셔리한 글램핑 시설을 갖추고 있다. 넓은 침대와 소파, 냉장고, 에어컨, TV, 샤워실, 화장실 등이 완비되어 있어, 편안한 캠핑을 즐길 수 있다.

　알프스 글램핑은 칠갑산의 아름다운 풍경을 감상할 수 있는 곳이다. 칠갑산의 정상까지는 약 1.5km의 등산로가 있으며, 등산을 즐기며 칠갑산의 자연을 만끽할 수 있다. 바비큐장, 야외 수영장, 족구장, 농구장, 배드민턴장 등이 있어, 다양한 활동을 즐길 수 있다.

　알프스 글램핑은 가족 단위 방문객들에게 인기가 많은 글램핑장이다. 럭셔리한 글램핑 시설과 다양한 부대시설을 갖추고 있으며, 칠갑산의 아름다운 풍경을 감상하며 가족 단위로 즐거운 시간을 보낼 수 있다.

07

수영장이 있는 숲속 글램핑장
평화숲 글램핑

문의	041-943-7772	개장 일		연중 무휴	
주소	충남 청양군 대치면 비끼내길 171-6				
시설별	사용기준	성수기(6~9월, 금·토·공휴일)		비수기(성수기를 제외한 기간)	비고
글램핑 사이트	1개소(4인)	20만원~25만원			
바비큐장	1개소(4인)	1만원		1만원	
야외 수영장		성인 1만원, 어린이 5천원			

평화숲 글램핑은 충남 청양군 대치면 시전리에 자리 잡았다. 청양군청을 기점으로 10km가량 떨어졌다. 자동차를 타고 칠갑산 1로와 비끼내길을 번갈아 달리면 닿는다. 도착까지 걸리는 시간은 15분 안팎이다. 글램핑 시설은 고즈넉한 분위기의 숲속에 위치하고 있다. 이 덕분에 자연 친화적인 캠핑을 즐길 수 있다. 글램핑 10개 동이 마련돼 있으며, 내부에는 침대, TV, 테이블, 개수대, 취사도구, 조리도구 등 일상생활이 가능할 정도의 시설이 완비돼 있다. 글램핑 시설 바로 앞에 수영장이 있는 덕분에 한여름 무더위를 날리기 제격이다. 주변에는 칠갑산도립공원과 칠갑산자연휴양림이 있어 연계 여행에 나서기 좋다.

제7장
청양군 축제

01

청양군의 대표 축제

청양고추·구기자축제

개최 시기	8월 말~9월 초	추최/주관	청양고추구기자 축제추진위원회
개최 연도	2000년	입장료	무료
개최 장소	충청남도 청양군 청양읍		
주요 내용	세계고추 전시 및 농특산품 판매 전시		

청양고추·구기자축제는 충청남도 청양군에서 매년 8월 말에서 9월 초에 열리는 지역 축제이다. 청양은 고추와 구기자의 주산지로, 이 두 가지 농산물을 주제로 다양한 행사가 열린다. 축제의 대표적인 행사로는 다음과 같은 것들이 있다.

- 고추구기자 경매 : 청양에서 생산된 고추와 구기자를 경매하는 행사
- 고추구기자 요리 경연대회 : 청양고추와 구기자를 활용한 다양한 요리를 선보이는 행사
- 고추구기자 축하공연 : 다양한 장르의 공연을 통해 청양고추와 구기자를 홍보하는 행사
- 고추구기자 체험행사 : 고추와 구기자를 직접 재배하고, 가공하는 체험을 할 수 있는 행사

축제 기간 동안에는 청양읍 칠갑마루 일원에서 다양한 먹거리와 볼거리가 마련된다. 특히, 매년 100여 종의 고추를 전시하는 고추박람회와 고추 축제를 주제로 한 예술작품을 전시하는 고추예술관이 많은 인기를 끌고 있다.

청양고추·구기자축제는 지역 농산물의 우수성을 알리고, 관광객들에게 즐거움을 제공하는 축제이다. 매년 8월 말에서 9월 초에 청양을 방문하시면, 청양고추와 구기자를 맛보고, 다양한 체험을 즐길 수 있다.

02 칠갑산얼음분수축제
추위를 즐기는 이들을 위한

개최 시기	12~2월	추최/주관	알프스 마을(942-0797)
개최 연도	2008년	입장료	체험 거리별로 유료
개최 장소	충남 청양군 정산면 천장호길 24-3		
주요 내용	얼음 분수, 눈 조각, 얼음 썰매, 짚트랙, 얼음 봅슬레이 등		

알프스 마을에서 '칠갑산 얼음분수 축제'가 매년 겨울에 펼쳐진다. 칠갑산 얼음분수 축제는 청양군의 대표적 겨울 축제로 겨울 스포츠를 즐기며 얼음 조각 앞에서 인생샷도 남길 수 있는 다양한 프로그램이 마련된다. 커다란 얼음분수가 만들어놓은 알프스 겨울왕국은 방문객을 신비한 나라에 방문하는 느낌을 갖게 해준다.

칠갑산 얼음분수 축제는 짜릿한 눈썰매와 같은 즐길 거리와 매년 달라지는 얼음 조각, 눈 조각 등 많은 볼거리까지 다양한 체험까지 할 수 있는 알프스 마을의 대표 축제이기도 하다.

칠갑산 얼음분수 축제는 70여 점의 높고 웅장한 얼음분수, 눈 조각과 얼음 조각, 대형 눈 동굴, 야간 별빛 터널, 대형 트리 등 최고의 볼거리를 제공한다.

얼음 분수

눈 조각

얼음 조각

눈썰매

남녀노소 누구나 눈썰매 7종, 얼음썰매 2종, 봅슬레이 2종 등을 즐길 수 있으며 튜브 타기, 소가 끄는 썰매 등의 신기한 체험도 방문객을 기다린다. 그 외에도 빙어낚시와 장작불에 알밤 구워 먹기도 놓칠 수 없는 재미를 제공하며, 시골국수 등 토속적이고 추억 어린 먹거리와 즐길 거리도 가득하다.

　야간에는 100만 개의 화려한 LED 조명으로 마치 은하수 같은 별빛 터널이 펼쳐져 환상적인 볼거리를 제공한다. 축제가 열리는 알프스 마을에는 펜션 외에도 도농교류센터 숙소, 민박 등 숙박시설이 있어 1박 2일로 머물기에도 큰 어려움이 없다.

03 칠갑산 장승문화축제
장승문화를 체험할 수 있는

개최 시기	4월	추최/주관	칠갑산장승문화 축제선양위원회
개최 연도	1999년	입장료	무료
개최 장소	충남 청양군 대치면 장곡길 119-17		
주요 내용	칠갑산 산신제, 전국 장승 깎기대회, 장승대제		

칠갑산 장승문화축제는 충청남도 청양군에서 매년 4월에 열리는 지역 축제이다. 청양은 한국 최대의 장승 보존지역으로, 칠갑산 일대에만 1,000여 기의 장승이 서 있다. 축제의 대표적인 행사로는 다음과 같은 것들이 있다.

- 장승 깎기 시연 : 장승을 전문으로 하는 조각가들이 장승을 깎는 모습을 직접 볼 수 있는 행사이다.
- 장승 대제 : 장승을 모신 제사를 지내는 행사이다.
- 장승제 퍼레이드 : 장승을 모신 퍼레이드가 열린다.
- 장승 그리기 대회 : 장승을 주제로 한 그림을 그리는 대회이다.
- 장승 만들기 체험 : 장승을 직접 만들어 볼 수 있는 체험이다.
- 축제 기간 동안에는 칠갑산 장승공원 일원에서 다양한 먹거리와 볼거리가 마련된다.
- 특히, 장승을 주제로 한 예술작품 전시, 장승 노래자랑, 장승 춤 공연 등 다양한 행사가 열려 관광객들의 눈길을 사로잡는다.

칠갑산 장승문화축제는 한국의 장승 문화를 알리고, 지역 관광을 활성화하기 위한 축제이다. 매년 4월에 청양을 방문하시면, 한국의 장승 문화를 체험하고, 다양한 즐길 거리를 만끽할 수 있다.

04 미륵댕이 칠월칠석 미륵축제

조롱박의 가치를 체험할 수 있는

개최 시기	8월	추최/주관	미륵축제추진위원회
개최 연도	1980년대	입장료	무료
개최 장소	충청남도 청양군 장평면 미당1리		
주요 내용	조롱박 터널, 박공예품 전시장, 화장품 만들기 물놀이장 등		

청양군 장평면 미당리 주민들은 음력 7월 7일이 되면 미당시장 내 미륵불 앞에서 주민들이 참여한 가운데 '미륵댕이 칠월칠석 미륵축제'를 개최한다. 미륵댕이는 미륵불이 있는 곳이라는 고유 지명이다. 미륵축제는 미륵축제추진위원회를 구성해서 주민자치 차원에서 열리는 축제이다. 축제가 알려지게 되면서 2019년에는 농림축산식품부 농촌축제 공모사업에 선정되어 매년 진행해 오고 있다.

미륵댕이 칠월칠석 미륵축제의 기원은 1331년(고려 충숙왕) 홍수가 일어나 백성이 큰 피해를 입었을 때 무병천에 미륵불상을 세우고 7월 7일에 풍농과 평안을 기원하기 위해 시작됐다. 1970년대부터 애향청년회를 중심으로 규모가 커져 장평면과 청남면 주민들까지 함께하고 있다. 미륵댕이 칠월칠석 미륵축제는 지난 50여 년간 지역 주민들이 자발적으로 유지·발전시켜 왔다. 현재에 와서 미륵댕이 칠월칠석 미륵축제는 마을의 역사와 문화, 이야기가 융합된 향토 문화를 계승시키기 위한 축제로 발돋움했다.

축제 진행은 먼저 미륵댕이 풍물단이 신나게 풍악을 울리며 마을 길 퍼레이드를 시작으로 진행된다. 축제는 미륵제·풍년제 봉행, 전통 먹거리 체험, 공연 등 다채로운 행사로 진행된다.

05 번데기의 가치를 체험하는
동막골 번데기 주름축제

개최 시기	10월	추최/주관	동막골 번데기 주름 축제추진위 (943-5795)
개최 연도	2013년	입장료	무료
개최 장소	충청남도 청양군 목면 본의2리		
주요 내용	번데기 관련 요리, 양잠 체험		

동막골 번데기 주름축제는 충청남도 청양군 목면 본의 2리에서 매년 10월에 열리는 지역 축제이다. 동막골은 번데기의 주산지로, 매년 50여 톤의 번데기가 생산된다. 축제의 대표적인 행사로는 다음과 같은 것들이 있다.

- 번데기 경매 : 동막골에서 생산된 번데기를 경매하는 행사이다.
- 번데기 요리 경연대회 : 번데기를 활용한 다양한 요리를 선보이는 행사이다.
- 번데기 퍼레이드 : 번데기를 활용한 퍼레이드가 열린다.
- 번데기 체험행사 : 번데기를 직접 만들어 볼 수 있는 체험이다.

동막골 번데기 주름축제는 번데기의 우수성을 알리고, 관광객들에게 즐거움을 제공하는 축제이다. 매년 10월에 청양을 방문하시면, 다양한 번데기 요리를 맛보고, 다양한 체험을 즐길 수 있다.

동막골 번데기 주름축제의 역사는 2008년으로 거슬러 올라간다. 당시 동막골 번데기 생산자단체는 번데기의 우수성을 알리고, 관광객을 유치하기 위해 축제를 개최했다. 처음에는 번데기 경매와 번데기 체험행사만 있었지만, 점차 다양한 행사가 추가되면서 지금의 축제로 성장했다.

번데기는 단백질과 필수 아미노산이 풍부한 식품이다. 또한, 콜레스테롤이 낮고, 지방이 적어 다이어트에도 좋다. 번데기는 다양한 요리에 활용할 수 있다. 번데기 튀김, 번데기 볶음, 번데기 찌개, 번데기 수프 등 다양한 요리를 맛볼 수 있다.

어제를 담아 내일을 여는 향교

정산향교

01
온 국민의 에너지
청양고추

    청양고추는 매운맛이 강하고, 영양가가 풍부하여 한국을 대표하는 고추 품종으로 자리 잡았다. 청양고추의 역사는 오래되었다. 청양군은 일찍부터 고추 재배가 활발했던 지역으로, 18세기부터 청양고추가 재배되었다는 기록이 있다. 청양고추는 1960년대부터 본격적으로 재배되기 시작했으며, 1980년대부터 청양고추가 전국적으로 알려지기 시작했다.

    청양군의 청양고추(청양고추 영농조합법인 한만희) 및 고춧가루(청양농업협동조합)는 국립농산물 품질관리원으로부터 지리적표시제 제40호 및 제41호로 각각 등록받았다.

청양군에서 생산되는 청양고추는 우리 몸에 가장 해로운 제초제를 사용하지 않고 재배하였으며, 무제초제, 저농약, 세척, 양건 건조, 공동선별, 품질보증의 과정을 거쳐 건강기능을 강화한 안심 고추다.

  청양고추는 매운맛이 강한 것으로 유명하다. 청양고추의 매운맛은 캡사이신이라는 성분에 의해 발생한다. 캡사이신은 고추의 과육에 함유되어 있으며, 체온을 높이고 혈액순환을 촉진하는 효과가 있다.

  청양고추는 영양가가 풍부하다. 청양고추에는 비타민 C, 베타카로틴, 칼륨 등이 풍부하게 함유되어 있다. 비타민 C는 피로 해소와 면역력 강화에 도움이 되며, 베타카로틴은 항산화 작용에 도움이 된다. 칼륨은 체내 나트륨 배출을 도와 혈압 조절에 도움이 된다.

  청양고추는 김치, 찌개, 볶음, 튀김 등 다양한 요리에 사용된다. 청양고추는 매운맛을 내기 위해 사용되기도 하지만, 고추의 향과 맛을 내기 위해 사용되기도 한다.

  청양고추는 대한민국을 대표하는 고추 품종으로, 한국의 식문화에 큰 영향을 미쳤다. 청양고추는 매운맛과 영양가로 사랑받는 고추 품종으로, 앞으로도 한국을 대표하는 고추 품종으로 자리매김할 것으로 기대된다.

  칠갑산을 중심으로 산간 계곡과 분지 형태에 부식질이 많고, 배수가 잘되는 토양과 일교차가 큰 기후 조건 등 고추 재배 천혜의 조건을 갖추고 있다. 매년 8월~9월에는 지역 축제인 청양고추·구기자 축제를 개최하여 군에서 품질인증하는 고품질의 명품 청양고추를 생산하고 있다.

02 질병을 예방하는 구기자

    구기자는 콩과에 속하는 낙엽성 관목이다. 구기자는 중국이 원산지이며, 한국, 일본, 중국 등지에 분포되어 있다. 구기자는 잎이 깃털처럼 갈라져 있고, 꽃은 노란색으로 피며, 열매는 둥글고 붉은색으로 익는다.
    구기자는 다양한 요리에 활용된다. 구기자는 생으로 먹거나, 말려서 차로 마시거나, 술로 담가 마신다. 구기자는 샐러드, 튀김, 전, 국물 등 다양한 요리에 사용된다. 또한 구기자는 예로부터 약재로 사용하여 왔다. 구기자에는 다양한 영양소가 함유되어 있어 다양한 효능이 있다고 알려져 있다. 구기자의 효능은 다음과 같다.

- 항산화 작용 : 구기자는 베타카로틴, 안토시아닌, 플라보노이드 등의 항산화 물질이 풍부하여 세포의 노화를 방지하고, 질병을 예방하는 데 도움이 된다.
- 면역력 강화 : 구기자는 비타민 C, 베타카로틴, 아연 등의 영양소가 풍부하여 면역력을 강화하는 데 도움이 된다.
- 혈행 개선 : 구기자는 베타카로틴, 리놀렌산 등의 영양소가 풍부하여 혈관을 튼튼하게 하고, 혈액순환을 개선하는 데 도움이 된다.
- 눈 건강 개선 : 구기자는 베타카로틴, 안토시아닌 등의 영양소가 풍부하여 눈의 피로를 풀어주고, 시력 보호에 도움이 된다.
- 피로 회복 : 구기자는 베타카로틴, 리놀레산 등의 영양소가 풍부하여 피로를 회복하고, 체력을 증진하는 데 도움이 된다.
- 성 기능 개선 : 구기자는 아연, 리놀렌산 등의 영양소가 풍부하여 성기능을 개선하는 데 도움이 된다.

청양은 기후와 토양 환경이 구기자 재배에 적합하여 전국 최고 생산량을 자랑하는 제일의 구기자 명산지이며, 알구기자를 비롯하여 구기자 진액, 구기자 티백차 등 각종 구기자 가공품을 개발하여 공급하고 있다.

03 질병을 예방하는 맥문동

  맥문동은 백합과에 속하는 여러해살이풀이다. 원산지는 한국, 중국, 일본 등지이며, 한국에서는 경기도, 충청도, 전라도, 경상도 등지에 분포되어 있다. 맥문동은 잎이 둥글고, 꽃은 흰색으로 피며, 열매는 둥글고 검은색으로 익는다.

  맥문동은 다양한 요리에 활용된다. 생으로 먹거나, 말려서 차로 마시거나, 술로 담가 마시고, 샐러드, 튀김, 전, 국물 등 다양한 요리에 사용된다. 맥문동은 예로부터 약재로 사용하여 왔다. 맥문동에는 다양한 영양소가 함유되어 있어 다양한 효능이 있다고 알려져 있다. 따라서 맥문동을 꾸준히 섭취하면 건강을 유지하고, 질병을 예방하는 데 효과가 있다.

맥문동은 뿌리의 괴근을 약재로 이용하며, 동의보감에서는 호흡기 질환 개선, 면역력과 체력 저하를 막는 데 도움을 준다고 알려져 있다. 맥문동의 효능은 다음과 같다.

- 폐 기능 개선 : 맥문동은 폐를 촉촉하게 하고, 폐 기능을 강화하는 효능이 있다.
- 기침과 가래 완화 : 맥문동은 기침과 가래를 멎게 하는 효능이 있다.
- 피로 해소 : 맥문동은 피로를 해소하고, 체력을 증진하는 효능이 있다.
- 면역력 강화 : 맥문동은 면역력을 강화하는 효능이 있다.
- 항암 작용 : 맥문동은 항암 작용을 하는 효능이 있다.

청양군은 한국 맥문동 주산지로 1993년 9월 6일 고시되었고 일교차가 큰 기후 조건과 높은 재배 기술 수준으로 전국 최고의 고품질 맥문동을 생산하고 있다.

04 노화를 예방하는 토마토

　토마토는 가지목 가지과의 일년생 식물이다. 원산지는 남아메리카이며, 유럽, 아시아, 아프리카 등 전 세계적으로 재배되고 있다. 토마토는 덩굴성 식물로, 줄기는 1~3m 정도 자라며, 잎은 둥글거나 심장 모양이다. 꽃은 흰색으로 피며, 열매는 둥글거나 타원형으로 붉은색, 노란색, 초록색, 검은색 등 다양한 색깔을 띤다.
　토마토는 다양한 요리에 활용된다. 토마토는 생으로 먹거나, 익혀서 먹을 뿐만 아니라 주스로 만들거나, 소스로 만들어 먹는다. 토마토는 샐러드, 볶음, 찌개, 스튜, 피자, 파스타 등 다양한 요리에 사용된다.

토마토는 다양한 효능이 있는 건강식품이다. 토마토는 비타민 C, 비타민 A, 베타카로틴, 칼륨, 리코펜, 폴리페놀 등이 풍부하게 함유되어 있다. 토마토를 꾸준히 섭취하면 건강을 유지하고, 질병을 예방하는 데 도움이 될 수 있다. 토마토의 효능은 다음과 같다.

- 피로 해소와 면역력 강화 : 비타민 C가 풍부하여 피로 해소와 면역력 강화에 도움이 된다.
- 항산화 작용 : 베타카로틴, 폴리페놀 등의 항산화 물질이 풍부하여 세포의 노화를 방지하고, 질병을 예방하는 데 도움이 된다.
- 혈행 개선 : 리코펜이 풍부하여 혈관을 튼튼하게 하고, 혈액순환을 개선하는 데 도움이 된다.
- 암 예방 : 리코펜이 풍부하여 암 예방에 도움이 된다.
- 눈 건강 개선 : 비타민 A, 베타카로틴 등이 풍부하여 눈 건강 개선에 도움이 된다.
- 노화 방지 : 베타카로틴, 폴리페놀 등의 항산화 물질이 풍부하여 노화 방지에 도움이 된다.

청양 토마토는 비옥한 토양과 풍부한 일조량 등 천혜의 자연조건과 재배하는 농민들의 높은 기술이 조화를 이루어 타 지역 토마토보다 당도가 높다. 또한 저장 기간이 길고 육질과 모양이 균일해서 각 지역 공판장에서 최고의 품질로 인정받고 있다.

05 밤
온 국민의 간식

　밤은 밤나무의 열매로, 견과류의 일종이다. 밤나무는 한국, 중국, 일본 등지에 분포되어 있다. 밤은 9월~10월에 수확되며, 껍질을 벗기면 밤톨 속에 밤이 들어 있다. 밤은 밤톨을 깨서 밤을 꺼내 먹거나, 쪄서 먹거나, 삶아서 먹거나, 구워서 먹는다. 밤은 떡, 엿, 밤죽, 밤밥, 밤식빵, 밤케이크 등 다양한 요리에 사용된다. 밤은 다양한 효능이 있는 건강식품이다. 밤은 탄수화물, 단백질, 지방, 비타민, 무기질 등이 풍부하게 함유되어 있어 밤을 꾸준히 섭취하면 건강을 유지하고, 질병을 예방하는 데 도움이 된다.

06 멜론
온 국민의 에너지

  멜론은 박과에 속하는 과일이다. 원산지는 아프리카이며, 유럽, 아시아, 아프리카 등 전 세계적으로 재배되고 있다. 멜론은 덩굴성 식물로, 줄기는 1~2m 정도 자라며, 잎은 둥글거나 심장 모양이다. 꽃은 흰색으로 피며, 열매는 둥글거나 타원형으로 녹색, 노란색, 주황색, 붉은색 등 다양한 색깔을 띤다.

  멜론은 다양한 요리에 활용된다. 멜론은 생으로 먹거나, 주스로 만들어 먹거나, 샐러드, 케이크, 아이스크림 등 다양한 요리에 사용된다. 멜론은 다양한 효능이 있는 건강식품이다. 멜론은 비타민 C, 비타민 A, 베타카로틴, 칼륨, 리코펜, 폴리페놀 등이 풍부하게 함유되어 있다. 멜론을 꾸준히 섭취하면 건강을 유지하고, 질병을 예방하는 데 도움이 된다.

07 노화를 예방하는 표고버섯

    표고버섯은 표고과에 속하는 버섯이다. 원산지는 중국이며, 한국, 중국, 일본 등지에 분포되어 있다. 표고버섯은 갓이 납작하고, 표면에 흰색 반점이 있으며, 밑동은 짧고 굵다. 표고버섯은 다양한 요리에 활용된다. 표고버섯은 생으로 먹거나, 말려서 먹거나, 볶음, 찌개, 전, 국물 등 다양한 요리에 사용된다.

    표고버섯은 예로부터 약재로 사용하여 왔다. 표고버섯에는 다양한 영양소가 함유되어 있어 다양한 효능이 있다고 알려져 있다. 표고버섯을 꾸준히 섭취하면 건강을 유지하고, 질병을 예방하는 데 도움이 된다.

08 산채류
칠갑산 풀향기 가득 청정산채

　100대 명산 칠갑산 기슭에서는 봄이되면 고사리, 취나물, 두릅, 더덕, 부지갱이, 참나물, 눈개승마 등 다양한 산채들이 자라고 있다. 봄에는 신선한 산채를 먹고, 말리면 1년 내내 먹을 수 있다. 건강에 관심 많은 요즘 칠갑산에서 생산되는 산채는 뛰어난 맛과 각종 무기질, 섬유질이 풍부하기 때문에 소비자로부터 큰 사랑을 받고 있다.

09 마늘

칠갑산의 슈퍼푸드 일해백익 청양마늘

　공자는 마늘을 '일해백익'이라 하여 냄새 빼고는 모든 것이 유익하다고 표현했을 정도로 우리 몸에 좋은 슈퍼푸드이다. 충남의 알프스 청정 환경에서 자란 칠갑산 마늘은 최적의 기후조건, 비옥한 토양에서 재배되어 특유의 진한 향과 맛을 지니고 있는 것이 특징이다. 특히 알리신 함량이 풍부해 면역력 증진, 항산화 작용 등의 효능이 있어 소비자에게 인기가 높다.

저자 소개

전도근

 저자는 충남 청양에서 태어나 공주대학교 일반사회교육과를 졸업하고 경희대학교 교육대학원에서 교육공학을 공부하였으며, 홍익대학교에서 평생교육정책으로 박사학위를 받았다. 의정부고등학교와 의정부여고, 화수고등학교에서 교사로 재직하였고, 2년간 경기도 교육청에서 경기지역 평생교육정보센터를 운영하였으며, 강남대학교에서 초빙교수로 재직하였다. 강남대학교 평생교육원 교수부장과 스스로원격평생교육원 원장을 역임하였다.

 지금까지 교육, 컴퓨터, 요리, 자동차, 서비스 등과 관련된 50개의 자격증을 취득하였으며, 각 대학교, 지자체, 교육청, 평생교육원, 국가전문행정연수원 및 각종 기업체 연수원 등에서 3,000여 회 이상 특강을 하였다.

 제1회 평생학습대상 특별상을 수상하였으며 SBS 「순간포착 세상에 이런 일이」, KBS 「한국 톱텐」 등에 소개되었다. 지금까지 『엄마는 나의 코치』, 『아빠 대화법』, 『공부하는 부모가 공부 잘하는 자녀를 만든다』, 『자기주도적 공부습관을 길러 주는 학습코칭』, 『명강사를 위한 명강의 비법』, 『엄마표 초등 읽기・쓰기 길잡이』, 『엄마표 시험공략법』, 『기초학습능력을 높이는 메타인지 학습』 등 350여 권의 저서를 집필하였다.

 현재는 한국여행치료협회 연구소장과 인피니티컨설팅㈜에서 ESG 사업부 이사로서 각종 프로그램 개발 전문가로서, ESG 컨설팅, 지역발전 특화 프로그램 개발, 6차산업 컨설팅, 교육 컨설팅, 노후설계 컨설팅, 전문가들의 진로 컨설팅을 하고 있다.

 전 세계 100개국 이상을 여행하였으며, 다수의 해외여행 프로그램을 개발하였다.

쉼이 있는 힐링도시 **청양**

초판 1쇄 인쇄 - 2024년 1월 30일
초판 1쇄 발행 - 2023년 1월 30일
지은이 - 전도근, 인피니티컨설팅 편집팀
펴낸이 - 이영섭
출판사 - 인피니티컨설팅
서울 용산구 한강로2가 용성비즈텔. 1702호
전화 02-794-0982
e-mail - bangkok3@naver.com
등록번호 - 제2022-000003호

※ 잘못된 책은 바꾸어 드립니다.
※ 무단복제를 금합니다.

ISBN 979-11-93126-10-3(13980)
값 15,000원